BERESHIT / GÉNESIS

Libro de Actividades

Bereshit | Génesis - Libro de Actividades con Porciones de la Torá

Todos los derechos reservados. Al comprar este Libro de actividades, el comprador puede copiar las hojas de actividades solo para uso personal y en el aula, pero no para reventa comercial. Con la excepción de lo anterior, este Libro de actividades no puede reproducirse total o parcialmente de ninguna manera sin el permiso por escrito del editor.

Bible Pathway Adventures® es una marca registrada de BPA Publishing Ltd.
Defenders of the Faith® es una marca registrada de BPA Publishing Ltd.

ISBN: 978-1-98-858583-3

Autora: Pip Reid
Director Creativo: Curtis Reid
Editor: Samia Egan

Para obtener recursos bíblicos gratuitos y Paquetes para Maestros, incluyendo páginas para colorear, hojas de trabajo, exámenes y más, visite nuestro sitio web en:

shop.biblepathwayadventures.com

◦◦ INTRODUCCIÓN ◦◦

Sus estudiantes AMARÁN aprender acerca de la Torá con nuestro Libro de Actividades con Porciones de la Torá Bereshit / Génesis. Hemos empaquetado cada porción de la Torá con cuestionarios Bíblicos, hojas de trabajo, búsqueda de palabras, y preguntas para ayudar a los educadores, así como tú, a enseñar a los niños la fe Bíblica de una manera divertida y atractiva. Es el recurso perfecto para su Shabat o clase de Escuela Dominical y para los educadores en el hogar. Incluye referencias a las escrituras para facilitar la búsqueda, ademas de una clave de respuestas práctica para los educadores.

Bible Pathway Adventures asiste a maestros y padres de familia a enseñar a los niños acerca de la Fe Bíblica de una manera creativa y divertida. Esto es posible mediante nuestros libros de cuentos ilustrados, paquetes para maestros, libros de actividades, y actividades imprimibles. Todo está disponible para ser descargado en nuestro sitio web www.biblepathwayadventures.com

Gracias por comprar este Libro de Actividades y apoyar nuestro ministerio. Cada libro comprado nos ayuda a continuar con nuestro trabajo proporcionando recursos y enseñanzas gratis de discipulado a familias y misiones en todas partes.

¡La búsqueda de la Verdad es más divertida que la Tradición!

◆◇ TABLA DE CONTENIDOS ◇◆

Introducción 3
Este libro pertenece a… 8
El alfabeto Hebreo 9

Bereshit
Bereshit, Cuestionario de Lectura de la Torá 12
Bereshit, Cuestionario de Lectura de los Profetas 13
Bereshit, Cuestionario de Lectura de los Apóstoles 14
Bereshit, Sopa de Letras 15
Bereshit, Hoja de Trabajo 16
Bereshit, Página para Colorear 17
Aprendamos Hebreo: Bereshit 18
Bereshit: Reflexionemos 19

Noaj
Noaj, Cuestionario de Lectura de la Torá 20
Noaj, Cuestionario de Lectura de los Profetas 21
Noaj, Cuestionario de Lectura de los Apóstoles 22
Noaj, Sopa de Letras 23
Noaj, Hoja de Trabajo 24
Noaj, Página para Colorear 25
Aprendamos Hebreo: Noaj 26
Noaj: Reflexionemos 27

Lej-Leja
Lej-Leja, Cuestionario de Lectura de la Torá 28
Lej-Leja, Cuestionario de Lectura de los Profetas 29
Lej-Leja, Cuestionario de Lectura de los Apóstoles 30
Lej-Leja, Sopa de Letras 31
Lej-Leja, Hoja de Trabajo 32
Lej-Leja, Página para Colorear 33
Aprendamos Hebreo: Lej-Leja 34
Lej-Leja: Reflexionemos 35

Vayeira
Vayeira, Cuestionario de Lectura de la Torá 36
Vayeira, Cuestionario de Lectura de los Profetas 37
Vayeira, Cuestionario de Lectura de los Apóstoles 38
Vayeira, Sopa de Letras 39
Vayeira, Hoja de Trabajo 40
Vayeira, Página para Colorear 41
Aprendamos Hebreo: Vayeira 42
Vayeira: Reflexionemos 43

Jayei Sarah
Jayei Sarah, Cuestionario de Lectura de la Torá 44
Jayei Sarah, Cuestionario de Lectura de los Profetas 45
Jayei Sarah, Cuestionario de Lectura de los Apóstoles 46
Jayei Sarah, Sopa de Letras 47
Jayei Sarah, Hoja de Trabajo 48
Jayei Sarah, Página para Colorear 49
Aprendamos Hebreo: Jayei Sarah 50
Jayei Sarah: Reflexionemos 51

Toledot
Toledot, Cuestionario de Lectura de la Torá 52
Toledot, Cuestionario de Lectura de los Profetas 53
Toledot, Cuestionario de Lectura de los Apóstoles 54
Toledot, Sopa de Letras 55
Toledot, Hoja de Trabajo 56
Toledot, Página para Colorear 57
Aprendamos Hebreo: Toledot 58
Toledot: Reflexionemos 59

Vayetze
Vayetze, Cuestionario de Lectura de la Torá 60
Vayetze, Cuestionario de Lectura de los Profetas 61
Vayetze, Cuestionario de Lectura de los Apóstoles 62
Vayetze, Sopa de Letras 63
Vayetze, Hoja de Trabajo 64
Vayetze, Página para Colorear 65
Aprendamos Hebreo: Vayetze 66
Vayetze: Reflexionemos 67

Vayishlaj
Vayishlaj, Cuestionario de Lectura de la Torá 68
Vayishlaj, Cuestionario de Lectura de los Profetas 69
Vayishlaj, Cuestionario de Lectura de los Apóstoles 70
Vayishlaj, Sopa de Letras 71
Vayishlaj, Hoja de Trabajo 72
Vayishlaj, Página para Colorear 73
Aprendamos Hebreo: Vayishlaj 74
Vayishlaj: Reflexionemos 75

Vayeshev
Vayeshev, Cuestionario de Lectura de la Torá 76
Vayeshev, Cuestionario de Lectura de los Profetas 77
Vayeshev, Cuestionario de Lectura de los Apóstoles 78
Vayeshev, Sopa de Letras 79
Vayeshev, Hoja de Trabajo 80
Vayeshev, Página para Colorear 81
Aprendamos Hebreo: Vayeshev 82
Vayeshev: Reflexionemos 83

Miketz
Miketz, Cuestionario de Lectura de la Torá 84
Miketz, Cuestionario de Lectura de los Profetas 85
Miketz, Cuestionario de Lectura de los Apóstoles 86
Miketz, Sopa de Letras 87
Miketz, Hoja de Trabajo 88
Miketz, Página para Colorear 89
Aprendamos Hebreo: Miketz 90
Miketz: Reflexionemos 91

Vayigash
Vayigash, Cuestionario de Lectura de la Torá 92
Vayigash, Cuestionario de Lectura de los Profetas 93
Vayigash, Cuestionario de Lectura de los Apóstoles 94
Vayigash, Sopa de Letras 95
Vayigash, Hoja de Trabajo 96
Vayigash, Página para Colorear 97
Aprendamos Hebreo: Vayigash 98
Vayigash: Reflexionemos 99

Vayeji

Vayeji, Cuestionario de Lectura de la Torá 100
Vayeji, Cuestionario de Lectura de los Profetas 101
Vayeji, Cuestionario de Lectura de los Apóstoles 102
Vayeji, Sopa de Letras 103
Vayeji, Hoja de Trabajo 104
Vayeji, Página para Colorear 105
Aprendamos Hebreo: Vayeji 106
Vayeji: Reflexionemos 107

Guía de Respuestas 108
¡Descubre más Libros de Actividades! 114

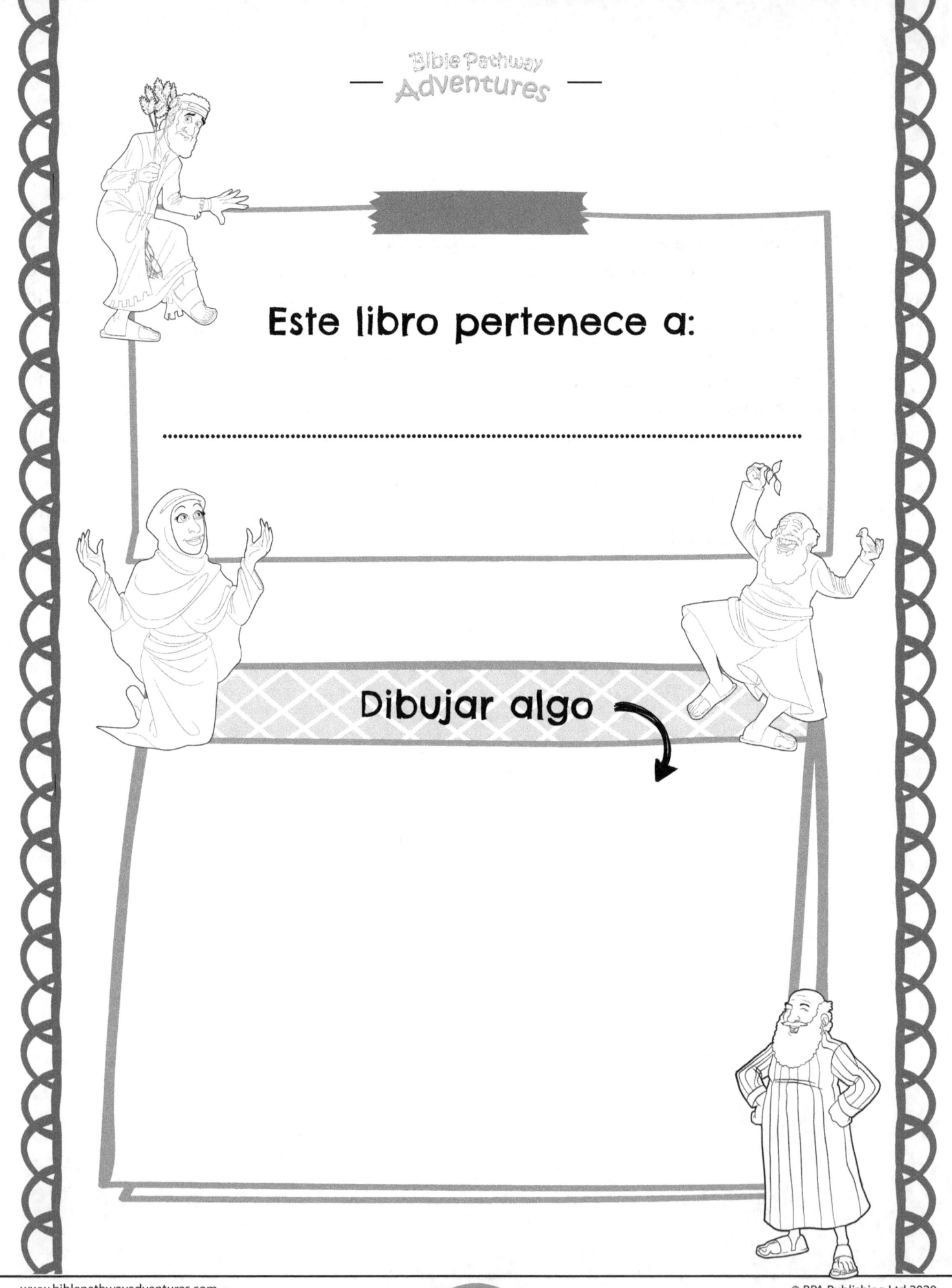

APRENDAMOS HEBREO

El alfabeto Hebreo tiene 22 letras.
Utiliza esta tabla para guiarte mientras aprendes la palabra Hebrea para cada Porción de la Torá.

Alef	Bet	Guímel	Dálet	Hei
א	ב	ג	ד	ה
Vav	**Zayn**	**Jet**	**Tet**	**Yod**
ו	ז	ח	ט	י
Kaf	**Lamed**	**Mem**	**Nun**	**Sámej**
כ	ל	מ	נ	ס
Ayin	**Pei**	**Tzadi**	**Kof**	**Resh**
ע	פ	צ	ק	ר
Shin	**Tav**			
ש	ת			

¡ESCRIBAMOS!

Practica escribiendo estas letras Hebras en las líneas de abajo. Recuerda que el Hebreo se escribe de DERECHA a IZQUIERDA.

אבגדהוזחטי

¡ESCRIBAMOS!

Practica escribiendo estas letras Hebras en las líneas de abajo. Recuerda que el Hebreo se escribe de DERECHA a IZQUIERDA.

BERESHIT, LECTURA DE LA TORÁ

Lee Génesis 1:1-6:8.
Responde a las siguientes preguntas.

1. ¿En qué día creó Yah al hombre? ....

2. ¿Qué hizo Yah en el séptimo día? ....

3. ¿Cuáles eran los nombres de los cuatro ríos que fluían del Edén? ....

4. ¿Quién nombró todos los animales creados por Yah? ....

5. ¿Quién fue tentado por la serpiente en el jardín del Edén? ....

6. ¿De quién era la ofrenda que fue desaprobada por Yah? ....

7. ¿Quién mató a Abel? ....

8. ¿A qué tierra se fue a vivir Caín? ....

9. ¿Qué edad tenía Adán cuando murió? ....

10. ¿Quién encontró favor en los ojos de Yah? (Gen 6:8) ....

BERESHIT, LECTURA DE LOS PROFETAS

Lee Isaías 42:5-43:10.
Responde a las siguientes preguntas.

1. ¿Quién les da el aliento y el espíritu a las personas en la tierra? ....

2. Deja que los habitantes de _____ canten de alegría. ....

3. Yah se revela a sí mismo _____ en contra de Sus enemigos. ....

4. ¿Qué convertirá Yah en luz? (Isaías 42:16) ....

5. ¿Qué cosa magnificó Yah e hizo gloriosa? (Isaías 42:21) ....

6. ¿A quién ha llamado Yah por su nombre? (Isaías 43:1) ....

7. Cuando pases por las _____ estaré contigo. (Isaías 43:2) ....

8. ¿Quién es nuestro Salvador? (Isaías 43:3) ....

9. ¿Qué tierra dio Yah como rescate? ....

10. ¿Fueron otros dioses creados antes o después de Yah? ....

BERESHIT, LECTURA DE LOS APÓSTOLES

Lee Mateo 19:4-6, Juan 1:1-18 y Romanos 5:12-21.
Responde a las siguientes preguntas.

1. Lo que Yah ha _____, ningún hombre lo separe.

2. Aquel que los creó desde el principio los hizo _____ y _____.

3. ¿Qué era en el principio? (Juan 1:1)

4. ¿Qué envió Yah a Juan el Bautista a hacer?

5. ¿Quién se hizo carne y habitó entre nosotros?

6. ¿Mediante quién ha sido dada la Torá?

7. ¿Mediante quién llegó la verdad?

8. ¿Quién ha visto a Yah? (Juan 1:18)

9. ¿Cómo entró el pecado al mundo? (Romanos 5:12)

10. ¿Qué había en el mundo antes de la Torá?

BERESHIT

Lee Génesis 1:1-6:8.
Encuentra y haz un círculo en cada una
de las palabras de la siguiente lista.

```
B U R H A U R O B K K X A Y J J H N J X
A C Q F X Z S H A B A T U N B G C V O P
P T Z P N O V C N J Y V S T T I E P K C
S B I J T P C Z C E A L L R P G L I C U
N Y E C Z Q B G E N D K L P M A R Y C V
D N F L H G I Q O X Á P N R D N R D P N
T Q U Z U M H H B B N H E I C T T Q H O
F G J K O L R R Q B U L G N E E L E Y É
A O C Y A H W E H Q A P S C U S Q O R X
S E R P I E N T E B B N Q I A A C L X V
V V G N H Z V U E B S F O P A Í E W D Z
F K S D B V S Q G Z S N A I Y B N S O Y
Q O U V W W D L U Z S Q F O H T Y I P D
L B U G G E C P D S R K X A W C S U Q J
S T T D C M S V R C Í O D X S V F I I A
T C I E L O S F F F O N C O O X Q G X R
O J W Z R L M G M Z I P K A E C I J E Y
Z O B V E S T A C I O N E S N S Y Y V R
Z S X T K E Z X J S S V R U P W K Y A O
U Z E D É N E W E M Z R E U O D Í A R W
```

GIGANTES	PRINCIPIO	YAHWEH	CIELOS
LUZ	ADÁN	ESTACIONES	ABEL
SERPIENTE	RÍO	EVA	NOÉ
EDÉN	SHABAT	DÍA	CAÍN

Bereshit

- Dibuja el jardín del Edén. ¡Usa tu imaginación!

- ¿Cómo describirías el personaje de Caín?

- Dibuja un mapa de Egipto

- Imagina que eres Adán y Eva. ¿De qué manera cambió tu vida desde que dejaste el jardín del Edén?

CAÍN Y ABEL

Abre tu Biblia y lee Génesis 4:1-26.
Responde a las preguntas. Colorea la imagen.

1. ¿Qué ofrenda le dio Abel a Yah? (versículo 4)

....
....
....
....

2. ¿Quién mató a Abel? (versículo 8)

....
....
....
....

3. ¿A qué tierra huyó Caín? (versículo 16)

....
....
....
....

✦ BERESHIT ✦

"En el principio Yah creó los cielos y la tierra.
Y la tierra estaba desordenada y vacía, y las tinieblas estaban sobre la faz del abismo,
y el Espíritu de Yah se movía sobre la faz de las aguas."

Génesis 1:1-2

Bereshit

"En el Principio"

בְּרֵאשִׁית

Traza la palabra Hebrea aquí:	Escribe la palabra Hebrea aquí:
בראשית	

REFLEXIONEMOS: BERESHIT

Abre tu Biblia y lee los versículos mencionados a continuación.
Reflexiona estas preguntas con tu familia, amigos y compañeros de clase.

1. Lee Génesis 1. ¿Qué existió antes del sol, la luna, las estrellas y la Tierra?

2. Lee Génesis 1:26. ¿A quién debía asemejarse el hombre creado por Yah?

3. Lee Génesis 2:1-3. ¿Qué hizo Yah en el séptimo día? ¿Crees que debemos honrar el Shabat hoy? Si este es el caso, ¿tú honras el Shabat?

4. Lee Génesis 3. ¿Por qué crees que Adán también comió la fruta del árbol del conocimiento del Bien y del Mal?

5. Lee Génesis 4. ¿Por qué crees que Yah no aceptó la ofrenda de Caín?

6. Lee Génesis 5. ¿Por qué crees que hombres como Noé y Lamec fueron capaces de vivir por cientos de años?

NOAJ, LECTURA DE LA TORÁ

Lee Génesis 6:9-11:32.
Responde a las siguientes preguntas.

1. ¿Quiénes fueron los tres hijos de Noé? ....

2. ¿Cuántos pares de cada animal "limpio" llevó Noé en el Arca? ....

3. ¿Cuántos años tenía Noé cuando comenzó la Inundación? ....

4. ¿En qué cordillera Noé dejó su arca? ....

5. ¿Cuál fue la señal del pacto entre Yah y Noé? ....

6. ¿Qué tan alto planearon las personas construir la torre de Babel? ....

7. ¿Cómo es que Yah paró su trabajo? ....

8. ¿Cuál era el nombre del lugar donde las personas intentaron construir la torre? ....

9. ¿Qué pasó con las personas una vez que dejaron de construir la torre? ....

10. ¿Quiénes eran los tres hijos de Taré? ....

NOAJ, LECTURA DE LOS PROFETAS

Lee Isaías 54:1–55:5.
Responde a las siguientes preguntas.

1. Porque te extenderás a la _____ y a la _____.

2. ¿Quién es el esposo de Israel? (Isaías 54:5)

3. ¿Quién es Dios de toda la tierra?

4. Por un breve momento te abandoné, pero con gran _____ te recogeré.

5. ¿El amor de quién nunca te dejará?

6. Tus hijos deberán ser enseñados por _____, y grande será la _____ de tus hijos.

7. ¿Qué no es de Yah? (Isaías 54:15)

8. Todos los sedientos, vengan a las _____. (Isaías 55:1)

9. ¿Qué sucede cuando inclinamos el oído y nos acercamos a Yah?

10. ¿Qué hizo Yah del Rey David? (Isaías 55:4)

NOAJ, LECTURA DE LOS APÓSTOLES

Lee Mateo 24:36-44 y 1 Pedro 3:18-22.
Responde a las siguientes preguntas.

1. ¿Quién sabe cuándo regresará Yeshua? (Mat 24:36) ....

2. ¿Qué período del tiempo menciona la Biblia en Mat 24:37? ....

3. ¿Qué sucederá con dos hombres en un campo? ....

4. ¿Qué hubiera sucedido si el Maestro hubiera sabido a qué hora el ladrón llegaría? ....

5. ¿Por qué debemos permanecer despiertos? ....

6. ¿Cuándo dice la Biblia que regresará Yeshua? (Mat 36:44) ....

7. ¿Por qué tuvo que morir Yeshua? (1 Pedro 3:18) ....

8. ¿Cuántas personas sobrevivieron __ la inundación? (1 Pedro 3:20) ....

9. ¿Dónde está Yeshua? (1 Pedro 3:22) ....

10. ¿Quién está sujeto a Yeshua? ....

NOAJ

Lee Génesis 6:9-11:32.
Encuentra y haz un círculo en cada una
de las palabras de la siguiente lista.

ANIMALES	SINAR	PALOMA	BOTE
VIÑEDO	ARCOIRIS	HOMBRE	NOÉ
AGUAS	TORRE	BABEL	LIMPIO
INUNDACIÓN	ALTAR	INMUNDO	LENGUAJES

Noaj

Dibuja la torre de Babel. ¡Usa tu imaginación!

¿Cómo describirías al personaje de Noé?

Esta porción de la Torá me enseña...

Si la historia de la Inundación fuera un libro, la cubierta se vería así...

LIMPIOS E INMUNDOS

Abre tu Biblia y lee Génesis 7:1-16.
Responde a las preguntas. Colorea la imagen.

1. ¿Cuántos pares de animales y pájaros limpios llevó Noé en el Arca? (versículo 2)

....
....
....
....

2. ¿Cuántos pares de animales inmundos llevó Noé en el Arca? (versículo 11)

....
....
....
....

3. ¿Qué edad tenía Noé cuando comenzó la Inundación? (versículo 11)

....
....
....
....

✦ NOAJ ✦

"Estas son las generaciones de Noé: Noé, varón justo, era perfecto en sus generaciones; con Yah caminó Noé. Y engendró Noé tres hijos: a Sem, a Cam y a Jafet."

Génesis 6:9-10

Noaj
"Noé"
נֹחַ

Traza la palabra Hebrea aquí:	Escribe la palabra Hebrea aquí:
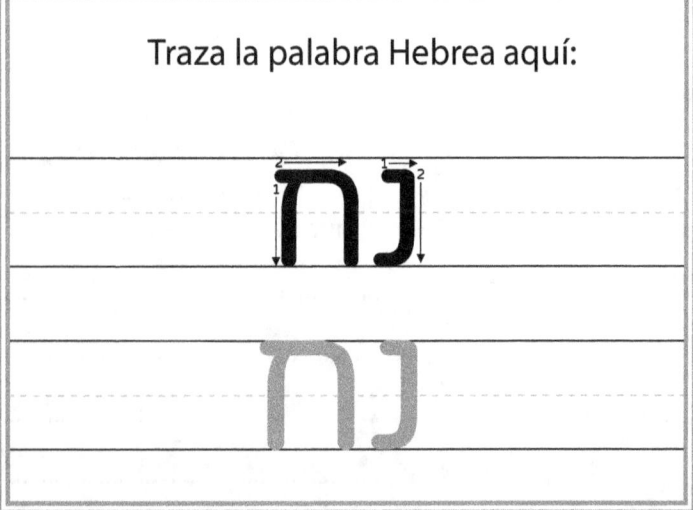	

REFLEXIONEMOS: NOAJ

Abre tu Biblia y lee los versículos mencionados a continuación.
Reflexiona estas preguntas con tu familia, amigos y compañeros de clase.

1. Lee Génesis 6:9. ¿Cómo caminó Noé con Yah? ¿Qué significa caminar con Él?

2. Lee Génesis 6:9. ¿Qué significa ser "perfecto" o "inocente"? Busca el significado de la palabra Hebrea "tamiym".

3. Lee Génesis 6:9-13. ¿Por qué Yah envió una inundación a la Tierra?

4. Lee Génesis 6:9-9:17 y 2 Pedro 2:5. Reflexiona el personaje de Noé. ¿Qué aprendiste?

5. Lee Hebreos 11:7. ¿Qué hizo Noé mientras construía el arca? ¿Crees que advirtió a las personas? ¿Hubiera sido___ un mensaje popular?

6. Lee Génesis 11:1-9: ¿Por qué detuvo Yah a las personas que construían la torre hacia los cielos?

LEJ-LEJA, LECTURA DE LA TORÁ

Lee Génesis 12:1-17:27.
Responde a las siguientes preguntas.

1. ¿Qué edad tenía Abraham cuando partió de Harán? ....

2. ¿Quién era la esposa de Abram? ....

3. ¿A qué tierra viajó Abraham para escapar de la hambruna? ....

4. ¿Por qué Yah envió grandes plagas a la casa del Faraón? ....

5. ¿A qué tierra se mudó Lot? ....

6. ¿Qué hizo Abram luego de que Lot fuera hecho prisionero? ....

7. ¿Qué le dio Melquisedec a Abram? ....

8. Cuando Yah hizo un pacto con Abram, ¿qué tierra le entregó? ....

9. ¿Quién era el hijo de Abraham y Agar? ....

10. ¿Qué prometió Yah a Abraham y Sara? ....

LEJ-LEJA, LECTURA DE LOS PROFETAS

Lee Isaías 40:27-41:16.
Responde a las siguientes preguntas.

1. ¿Quién creó la tierra? ....

2. ¿Qué tipo de Dios es Yah en Isaías 40:28? ....

3. Yah no desfallece ni se fatiga con _____. (Isaías 40:28) ....

4. ¿Qué sucede a aquellos que esperan a Yah? ....

5. ¿Qué pisa Yah con los pies? ....

6. Yo, el SEÑOR, el _____ y con el último; soy ÉL. (Isaías 41:4) ....

7. ¿Cómo describe Yah a Israel en Isaías 41:8? ....

8. ¿Quién es el padre de Israel en Isaías 41:8? ....

9. ¿Quién se hará más fuerte y ayudará a las personas de Israel en Isaías 41:10? ....

10. ¿Quién es nuestro redentor? ....

LEJ-LEJA, LECTURA DE LOS APÓSTOLES

Lee Hechos 7:1-22, Romanos 4:1-25 y Hebreos 7:1-8.
Responde a las siguientes preguntas.

1. Qué le dijo Yah a Abraham? (Hechos 7:3) ....

2. ¿Qué pacto le dio Yah a Abraham? (Hechos 7:8) ....

3. ¿De quién era padre Jacob? ....

4. La fe en Yah fue contada para Abraham como _____. (Rom 4:9) ....

5. La promesa a Abraham y sus descendientes llegó ¿mediante qué? ....

6. Donde no hay Torá, no hay _____. (Rom 4:15) ....

7. ¿De qué tierra fue rey Melquisedec? (Heb 7:1) ....

8. ¿Qué le dio Abraham a Melquisedec? ....

9. De qué tribu de Israel fueron elegidos los sacerdotes? (Heb 7:5) ....

10. ¿De qué tribu de Israel era Yeshua? (Heb 7:14) ....

LEJ-LEJA

Lee Génesis 12:1–17:27.
Encuentra y haz un círculo en cada una
de las palabras de la siguiente lista.

```
S U P P Q N E Q Q O L S M V L R B G P C
X O Q K F Z G Z X E W A J N Q P W Q X A
H I V C Y H I R D S Y R R X P F G X B N
C I A T V A P G B P K A Y W B A W C N A
S Z Y V G R T W P O Q C S N B R E Z P Á
P T B G K Á O D K S S B A R I A B I J N
T X T C C N W W Y A X H Z Z A Ó W S F Y
X S D L F G Y M W N L L R W F N N K V B
F E H X B T Y V K F Q K V Y L F N Z H U
I Q L U U D N W P L K B P T B J S G A R
J S L N G A Q C N D S X R P Q C Z A M E
D Y A Q K Z G B A M Y P J U U K R V B N
U T R A R U B P C W W Z K C D E H Q R L
G G D T C F H U Q P L V U X P L W F U L
C N D B D R L T C L N P B B O A Z P N D
X V H A V E M L N N A X Q X G D N A A H
C S J A U S O D O M A G K S B A W C H S
O B L K B G Q W R A J K A P J V I T S W
C F L Z J U S T I C I A K R A F G O J O
L G J S C G U M A B R A H A M P H B B U
```

JUSTICIA	ABRAHAM	ESPOSA	HAMBRUNA
FE	PAN	CANAÁN	PACTO
EGIPTO	FARAÓN	HARÁN	ISAAC
SODOMÍA	SARA	AZUFRE	AGAR

Lej-Leja

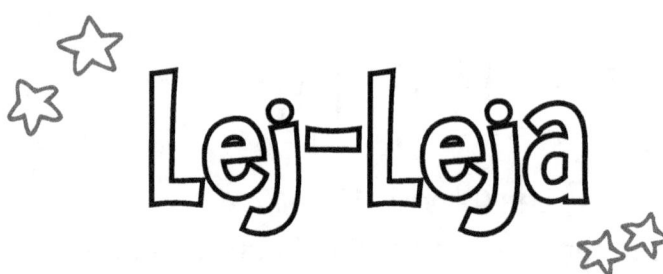

Dibuja un mapa del viaje de Abraham desde Harán hasta Canaán.

¿Cómo describirías el personaje de Abraham?

Si te pidieran que dejaras a tu familia y te mudaras a otro país, ¿cómo cambiaría tu vida?

Dibuja al Faraón y su casa con las grandes plagas. ¡Usa tu imaginación!

EL FARAÓN

Abre tu Biblia y lee Génesis 12:10-20.
Responde a las preguntas. Colorea la imagen.

1. ¿De qué tierra era Rey el Faraón? (versículo 10)

....
....
....
....

2. ¿A la casa de quién se fue a vivir Sara? (versículo 15)

....
....
....
....

3. ¿Cómo castigó Yah al Faraón? (versículo 17)

....
....
....
....

LEJ-LEJA

"Pero Yah había dicho a Abram: Vete de tu tierra y de tu parentela, y de la casa de tu padre, a la tierra que te mostraré. Y haré de ti una nación grande, y te bendeciré, y engrandeceré tu nombre, y serás bendición."

Génesis 12:1-2

Lej-Leja

"Sal adelante"

לֶךְ לְךָ

Traza la palabra Hebrea aquí:	Escribe la palabra Hebrea aquí:
לך לך	
לך לך	

REFLEXIONEMOS: LEJ-LEJA

Abre tu Biblia y lee los versículos mencionados a continuación.
Reflexiona estas preguntas con tu familia, amigos y compañeros de clase.

1. Lee Génesis 12:1-9. Yah le pidió a Abram que dejara a su familia y se fuera de Harán. ¿Por qué es importante hacer lo que Yah nos pide?

2. Lee Génesis 12:10-20. ¿Por qué Abraham le dijo al Faraón que Sara era su hermana?

3. Lee Génesis 12. Yah hizo un pacto con Abraham. ¿Qué le prometió a Abraham?

4. Lee Génesis 13:5-13. ¿Cómo compararías los personajes de Abraham y Lot?

5. Lee Génesis 15. ¿Qué es un pacto? ¿Por qué son tan importantes los pactos o acuerdos? ¿Alguna vez ha roto Yah algún pacto?

6. Lee Génesis 16 y 17. Yah llamó a Abraham el "padre de muchas naciones". Pero luego de esperar muchos años por un hijo, Abraham tomó cartas en el asunto y tuvo un hijo con Agar. El resultado fue el nacimiento de Ismael. ¿Tienes inconvenientes en esperar a Yah?

VAYEIRA, LECTURA DE LA TORÁ

Lee Génesis 18:1-22:24.
Responde a las siguientes preguntas.

1. ¿Cuántos hombres visitaron a Abraham en los encinos de Mamre? ....

2. ¿Quién fue la esposa de Abraham? ....

3. ¿Cuántos ángeles visitaron Sodoma? ....

4. ¿Qué llovió en Sodoma y Gomorra? ....

5. ¿Qué le sucedió a la esposa de Lot cuando miró hacia la ciudad? ....

6. ¿Qué regalos le dio Abimelec a Abraham? ....

7. ¿Cuántos años tenía Abraham cuando Isaac nació? ....

8. ¿Dónde vivieron Agar e Ismael una vez que fueron echados del campamento? ....

9. ¿Dónde hicieron un pacto Abraham y Abimelec? ....

10. ¿Por qué Abraham llevó a su hijo a la tierra de Moriah? ....

VAYEIRA, LECTURA DE LOS PROFETAS

Lee 2 Reyes 4:1-37.
Responde a las siguientes preguntas.

1. ¿Por qué la mujer le gritó a Eliseo? ....

2. ¿Qué tenía la mujer en su casa? ....

3. ¿Qué instrucciones le dio Eliseo a la mujer? ....

4. ¿En qué pueblo Eliseo solía parar a comer a menudo? ....

5. ¿Quién era el sirviente de Eliseo? ....

6. ¿Qué le dijo Eliseo a la mujer Sunamita en 2 Reyes 4:16? ....

7. ¿Qué le sucedió al hijo de la mujer Sunamita en 2 Reyes 4:20? ....

8. ¿A qué lugar viajó la mujer para encontrarse con Eliseo? ....

9. ¿Por qué el esposo de la mujer no quería que ella viajara? ....

10. ¿Cómo hizo Eliseo para revivir al hijo de la mujer? ....

VAYEIRA, LECTURA DE LOS APÓSTOLES

Lee Gálatas 4:21-31, Hebreos 11:13-19, y Santiago 2:14-24.
Responde a las siguientes preguntas.

1. ¿Cuántos hijos tuvo Abraham? ....

2. ¿Dónde se encuentra el Monte Sinaí? ....

3. ¿Quién fue la madre de Ismael? ....

4. ¿Quién fue la madre de Isaac? ....

5. ¿Con qué ciudad de la tierra de Israel se comparó Agar? ....

6. Ahora ustedes, hermanos, como Isaac, son hijos de _____. (Gal 4:28) ....

7. No somos hijos de la esclava pero de la mujer _____. (Gal 4:31) ....

8. Por _____, Abraham, cuando fue probado, ofreció a Isaac. (Heb 11:17) ....

9. ¿De qué sirve si alguien dice que tiene fe pero no _____? (Santiago 2:14) ....

10. Abraham creyó a _____ y le fue contado a él como _____. (Santiago 2:23) ....

VAYEIRA

Lee Génesis 18:1-22:24.
Encuentra y haz un círculo en cada una
de las palabras de la siguiente lista.

```
A B R A H A M G Q N X Q S Q J T I P I O
K V X C Y V I B M U K C S J I O K A F G
Y Y S O D O M A H K W P P S K B C C F F
N C A U A C X Z N I X S O Y E H A T U V
G I C D P A T A N D B E M X U B R O S H
M E W D X Q B Y E I E D T J F J N F F U
M N J T Q M Z I O S E V C X G N E P E L
V B U E Y L Y S P R R Y N H X D R M X D
Q Y E P X J C Z A S U P O F D O I N L
S W W R I N Y P R E E Q H V Z I C V C X
U A H T Z J U K Y L B D C U F O Á P A G
Y E R R Y N L R E Y A B Q R G P N Z R J
R V I A M T F B U I S G C G D P G Q P F
S A I A E Q D I C S Y P A V W S E F A A
U N P L J Z J Y G U E I R B N Z L K Y N
L T D K O F O F R L Z S E Q S X E W B K
A J B K I T S A G A R A T F L T S S Z B
W G O M O R R A Z J D A H N V C R Q O N
O R M A D R E Z B I K C G Q D A E M A T
D C A M P A M E N T O L B C O C O T F B
```

PACTO	ÁNGELES	SARA	BUEY
SODOMA	MADRE	GOMORRA	ISAAC
ABRAHAM	CARNERO	CARPA	CAMPAMENTO
BEERSEBA	LOT	ISRAEL	AGAR

Vayeira

Dibuja una imagen de Abraham e Isaac en Moriah.

Crea un poster de película para la historia de Sodoma y Gomorra.

Esta porción de la Torá me enseña...

Imagina que eres Abraham. Escribe un recuento del día en que tres hombres te visitaron en el encinar de Marme.

SACRIFICIO DE ISAAC

Abre tu Biblia y lee Génesis 22:1-14.
Responde a las preguntas. Colorea la imagen.

1. ¿A qué tierra le dijo Yah a Abraham que llevara a Isaac? (versículo 2)

....
....
....
....

2. ¿Qué construyó Abraham para quemar en la ofrenda? (versículo 9)

....
....
....
....

3. ¿Qué animal sacrificó Abraham? (versículo 13)

....
....
....
....

✦ VAYEIRA ✦

"Después le apareció Yah en el encinar de Mamre, estando él sentado a la puerta de su tienda en el calor del día. Y alzó sus ojos y miró, y he aquí tres varones que estaban junto a él; y cuando los vio, salió corriendo de la puerta de su tienda a recibirlos, y se postró en tierra."

Génesis 18:1-2

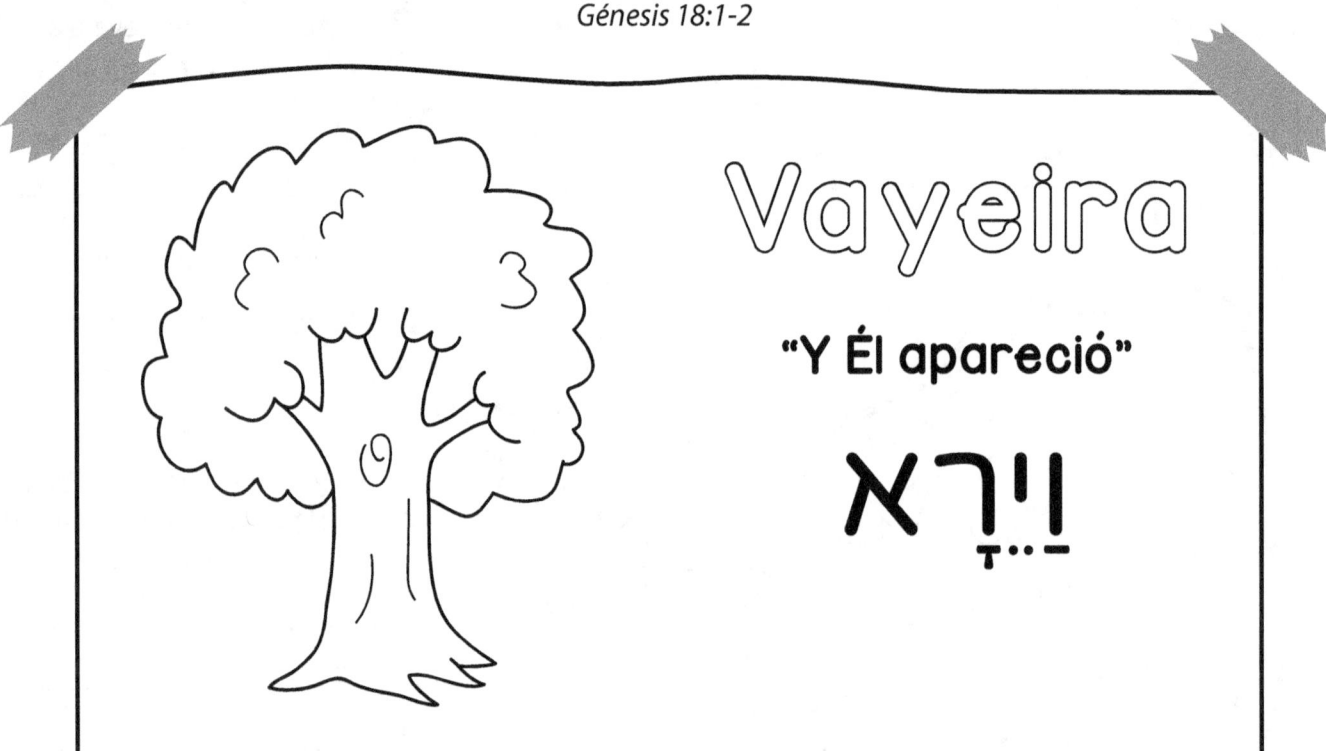

Vayeira

"Y Él apareció"

וַיֵּרָא

Traza la palabra Hebrea aquí:	Escribe la palabra Hebrea aquí:
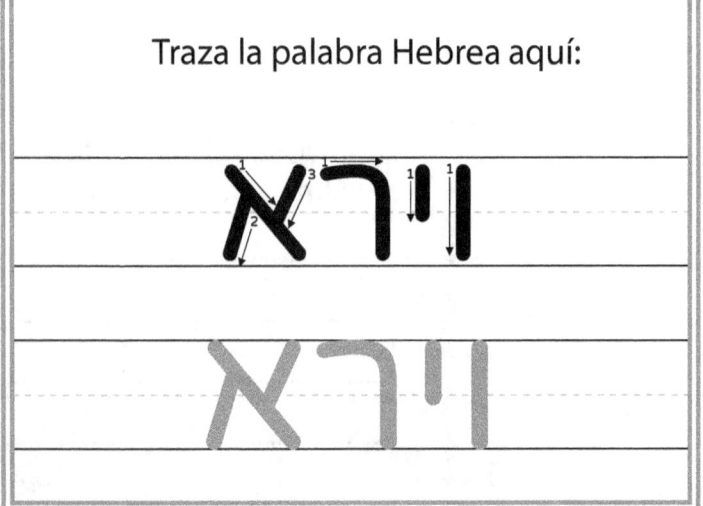	

REFLEXIONEMOS: VAYEIRA

Abre tu Biblia y lee los versículos mencionados a continuación.
Reflexiona estas preguntas con tu familia, amigos y compañeros de clase.

1. Lee Génesis 18:1-15 y Lucas 1:37. ¿Crees que nada es imposible para Yah? Reflexiona sobre algún momento en tu vida que haya sucedido algo milagroso.

2. Lee Génesis 18:16-33. ¿Por qué crees que Yah decidió destruir Sodoma y Gomorra?

3. Génesis 21:8-21. Abraham tomó cartas en el asunto y tuvo un hijo con Agar. ¿Qué sucede cuando hacemos cosas con nuestra propia fuerza en lugar de esperar a Yah?

4. Lee Génesis 22:1-19. ¿Creyó realmente Abraham en la promesa de Yah de que sería el padre de muchas naciones? ¿Cómo es que Yah puso a prueba a Abraham?

5. Lee Génesis 22:5. ¿Tenemos alguna pista de que quizás Abraham realmente no pensó que Yah le permitiera matar a Isaac?

JAYEI SARAH, LECTURA DE LA TORÁ

Lee Génesis 23:1-25:18.
Responde a las siguientes preguntas.

1. ¿Qué edad tenía Sara cuando murió? ....

2. ¿Cuánto les pagó Abraham a los Heteos por un campo al este de Mamre? ....

3. ¿En dónde enterró Abraham a Sara? ....

4. ¿Qué juramento hizo el sirviente a Abraham? ....

5. ¿Cuántos camellos llevó el sirviente a la Mesopotamia? ....

6. ¿Afuera de qué ciudad el sirviente conoció a Rebeca? ....

7. ¿Quién fue el hermano de Rebeca? ....

8. ¿Qué regalos le dio el sirviente a Rebeca? ....

9. ¿Con quién se casó Rebeca cuando llegó a Neguev? ....

10. Luego de que Sara murió, ¿a quién tomó Abraham como esposa? ....

JAYEI SARAH, LECTURA DE LOS PROFETAS

Lee 1 Reyes 1:1-37.
Responde a las siguientes preguntas.

1. ¿Qué hermosa y joven mujer cuidó del Viejo Rey David? ....

2. ¿Qué hijo de David quería ser rey? ....

3. ¿Al lado de qué roca Adonías sacrificó una oveja, un buey y ganado engordado? ....

4. ¿A qué tres hombres Adonías no invitó al sacrificio? ....

5. ¿Quién fue la esposa de David? ....

6. ¿Qué hijo quería David que se convirtiera en rey? ....

7. ¿Quién se apareció ante David y le dijo lo que Adonías había hecho? ....

8. ¿Quiénes eran los dos sacerdotes de esta historia? ....

9. ¿Quiénes eran los dos hermanos de Adonías? ....

10. ¿Cuál fue el trabajo de Natán? ....

JAYEI SARAH, LECTURA DE LOS APÓSTOLES

Lee 1 Pedro 3:1-7, Hebreos 11:11-16, y 1 Corintios 15:50-57.
Responde a las siguientes preguntas.

1. ¿Cómo recibió Sara el poder para concebir? ....

2. ¿Cuántos descendientes tuvo Abraham? (Heb 11:12) ....

3. ¿Qué tipo de país desean los creyentes en Hebreos 11:16? ....

4. ¿Qué no puede heredar el reino de Dios? ....

5. ¿Cuándo seremos todos cambiados en 1 Corintios 15:52? ....

6. ¿Por qué algunos esposos comenzarán a creer en Dios? (1 Pedro 3:1-2) ....

7. ¿Cómo se vestían las mujeres santas (Kadosh)? ....

8. ¿Cómo se adornó Sara en 1 Pedro 3:4-5? ....

9. ¿Cómo deberían los esposos vivir con sus esposas en 1 Pedro 3:7? ....

10. Si los esposos honran a sus esposas, ¿qué sucederá cuando ellos oren? ....

JAYEI SARAH

Lee Génesis 23:1–25:18.
Encuentra y haz un círculo en cada una de las palabras de la siguiente lista.

SARA	EFRÓN	LABÁN	CUEVA
CAMELLO	SAR	REGALOS	ISAAC
ABRAHAM	ESPOSA	DESIERTO	SIRVIENTE
CANANEOS	REBECA	JOYAS	AGUA

Jayei Sarah

¿Cómo describirías el personaje de Rebeca?

Esta porción de la Torá me enseña...

Dibuja un mapa para ayudar al sirviente de Abraham encontrar su camino hacia la Mesopotamia.

Dibuja un árbol genealógico en donde se muestren a Abraham, Sara, Agar, Ismael, Isaac y Rebeca.

UNA ESPOSA PARA ISAAC

Abre tu Biblia y lee Génesis 24.
Responde a las preguntas. Colorea la imagen.

1. ¿A qué tierra fue el sirviente a encontrar una esposa para Isaac? (versículo 10)

....
....
....
....

2. ¿Cuántos camellos llevó el sirviente con él? (versículo 10)

....
....
....
....

3. ¿Quién fue la novia de Isaac? (versículo 64)

....
....
....
....

JAYEI SARAH

"Fue la vida de Sara ciento veintisiete años; tantos fueron los años de la vida de Sara. Y murió Sara en Quiriat-arba, que es Hebrón, en la tierra de Canaán; y vino Abraham a hacer duelo por Sara, y a llorarla."

Génesis 23:1-2

Traza la palabra Hebrea aquí:	Escribe la palabra Hebrea aquí:
חֵיֵי שָׂרָה	

REFLEXIONEMOS: JAYEI SARAH

Abre tu Biblia y lee los versículos mencionados a continuación.
Reflexiona estas preguntas con tu familia, amigos y compañeros de clase.

1. Lee Génesis 23. ¿Cómo trató Abraham a los Heteos? ¿Cómo dice la Biblia que debemos tratar a las autoridades gobernantes?

2. Lee Proverbios 3:5-6. Este proverbio nos pide que confiemos en Yah con todo nuestro corazón y dejemos que Él dirija nuestros caminos. Explica cómo el sirviente de Abraham hizo esto cuando fue a encontrar a una esposa para Isaac.

3. Lee Génesis 24. Rebeca aceptó ir con el sirviente de regreso a Canaán. Compara tu fe a la de Rebeca. ¿Tomarías la misma decisión?

4. Lee 1 Pedro 3:1-7. ¿Cómo trató Sara a Abraham? ¿Qué has aprendido acerca del rol de esposo y esposa en este pasaje de la Biblia?

5. Lee Hebreos 11:11–12. ¿Qué dice acerca de la fe de Sara?

6. Lee Génesis 24. ¿Qué tipo de persona fue Rebeca?

TOLEDOT, LECTURA DE LA TORÁ

Lee Génesis 25:19-28:9.
Responde a las siguientes preguntas.

1. ¿Qué edad tenía Isaac cuando tomó a Rebeca como su esposa? ....

2. ¿Quiénes fueron los hijos gemelos de Isaac y Rebeca? ....

3. ¿Por qué clase de comida Esaú vendió su derecho de nacimiento? ....

4. ¿Por qué Yah le dijo a Isaac que todas las naciones de la tierra serían bendecidas? ....

5. ¿Por qué los filisteos envidiaban a Isaac? ....

6. ¿Acerca de qué discutieron los pastores de Gerar con los pastores de Isaac? ....

7. ¿Qué hijo de Isaac recibió la bendición en Génesis 27:27? ....

8. ¿Qué vestiduras usó este hijo para engañar a su padre? ....

9. ¿Por qué Jacob huyó a Padan-aram y vivió ahí con Labán? ....

10. ¿Con quién no quería Isaac que Esaú se casara en Génesis 28:6? ....

TOLEDOT, LECTURA DE LOS PROFETAS

Lee Malaquías 1:1-2:7.
Responde a las siguientes preguntas.

1. ¿A qué hermano odiaba Yah – Jacob o Esaú? ....

2. ¿A qué país Yah llamará para siempre malvado? ....

3. ¿Quién dijo Yah que despreciaba Su nombre? ....

4. ¿Qué clase de comida y animales ofrecieron los sacerdotes a Yah? ....

5. "Mi _____ será temido entre las naciones." ....

6. ¿Qué les advirtió Yah a los sacerdotes que sucedería si no honraban Su Nombre? ....

7. ¿Cómo describe Yah Su pacto con Levi? ....

8. ¿De qué alejó Levi a muchas personas? ....

9. ¿Qué deberían proteger los labios de un sacerdote? ....

10. ¿Qué deberían las personas buscar en un sacerdote? ....

TOLEDOT, LECTURA DE LOS APÓSTOLES

Lee Romanos 9:6-16, Hebreos 11:20, y 12:14-17.
Responde a las siguientes preguntas.

1. ¿Mediante qué Isaac invocó bendiciones futuras para Jacob y Esaú en Hebreos 11:20? ....

2. Lucha por la _____ con todos. (Hebreos 12:14). ....

3. ¿De qué emoción tienes que asegurarte para que no surja y cause problemas? ....

4. ¿Cómo describe el escritor de los hebreos a Esaú? ....

5. ¿A cambio de qué Esaú vendió su derecho de nacimiento en Hebreos 12:16? ....

6. ¿Qué sucedió cuando Esaú quiso heredar la bendición? ....

7. No todos los que descienden de _____ pertenecen a Israel... (Romanos 9:6) ....

8. ¿A quién considera Yah como descendiente en Romanos 9:8? ....

9. ¿Quién fue la esposa de Abraham? ....

10. Yah dice a Moisés, "Tendré _____ del que yo tenga misericordia" (Romanos 9:15) ....

TOLEDOT

Lee Génesis 25:19-28:9.
Encuentra y haz un círculo en cada una
de las palabras de la siguiente lista.

```
D E Y E N S Z D E I R Z M G S M Z A L C
G E S L G M H C U E R O D E C A B R A N
P A R A O N W B W R M F V W K Q T Q B F
V S J E Ú I N F U E Q B D P W V W O Á X
O L U A C T S C I B R T E P O C Z D N B
N B F T C H F Q Y A L O M A B B R U D E
J O I F C O O R M Ñ A W V S B G L N H
O D L I B F B D Q O F D L T T W C N F D
M N I B U M M G E S X C I O E Y T D M I
Y U S P C N G U W N B S S R R P Z L J C
B F T I F S K W H J A S D E F L F U D I
O C E Y Z W L X P T E C X S L C C D Y Ó
M E O J C F H Q V P U A I L V O A A Q N
Q C S T B N T E B O G R S M Z V W N J C
X Z T G Y V L A B L X E D G I K D X N A
G N O I S A A C G W K I R C B E U M P N
V K O E L P Q X C U T J B A L B N X R A
L Y C S X S N Y B X A N T J R O F T H Á
K T D V J A U H A R Á N C H V X P Z O N
Q G U I S O G B Q A G J F R E B E C A Q
```

CANAÁN	BENDICIÓN	GERAR	PASTORES
JACOB	GUISO	CUERO DE CABRA	HARÁN
REBAÑOS	ISAAC	REBECA	AGUA
FILISTEOS	DERECHO DE NACIMIENTO	LABÁN	ESAÚ

Toledot

Imagina que eres Esaú. ¿Qué le dirías a Jacob si descubrieras que él te robó tu bendición?

¿Cómo describirías al personaje de Esaú?

Si la historia de Jacob y Esaú fuera un libro, la cubierta se vería así…

Crea una receta para un guiso de lenteja. ¡Usa tu imaginación!

JACOB HUYE A HARÁN

Abre tu Biblia y lee Génesis 28:1-6.
Responde a las preguntas. Colorea la imagen.

1. ¿Con quién le dijo Isaac a Jacob que no se casara? (versículo 6)

....
....
....
....

2. ¿A qué lugar le dijeron Isaac y Rebeca a Jacob que fuera? (versículo 5)

....
....
....
....

3. ¿Qué relación tenía Jacob con Labán? (versículo 2)

....
....
....
....

⭐ TOLEDOT ⭐

"Estos son los descendientes de Isaac hijo de Abraham: Abraham engendró a Isaac, y era Isaac de cuarenta años cuando tomó por mujer a Rebeca, hija de Betuel Arameo de Padan-aram, hermana de Labán Arameo."

Génesis 25:19-20

Toledot

"Generaciones"

תּוֹלְדוֹת

Traza la palabra Hebrea aquí:	Escribe la palabra Hebrea aquí:
תּוֹלְדוֹת	
תולדות	

REFLEXIONEMOS: TOLEDOT

Abre tu Biblia y lee los versículos mencionados a continuación.
Reflexiona estas preguntas con tu familia, amigos y compañeros de clase.

1. Lee Génesis 25:24-28:7. Compara los personajes de Jacob y Esaú. ¿Por qué crees que Yah amaba a Jacob y odiaba a Esaú?

2. Lee Génesis 25:27:34 y Hebreos 12:16. ¿Por qué crees que Esaú vendió su derecho de nacimiento tan fácilmente? ¿Qué tanto valor le dio Esaú a su caminata con Yah?

3. Lee Génesis 28:6 y 2 Corintios 6:14. ¿Por qué Isaac no quería que Esaú se casara una mujer Cananea? ¿Por qué Yah se rehúsa a unirse en yugo desigual con los incrédulos? ¿Es este un consejo sabio?

4. Lee Génesis 27. ¿Quién quería Isaac que recibiera la bendición? ¿Quién quería Rebeca que recibiera la bendición?

5. Lee Malaquías 1:1-2:7. En este momento, muchos hebreos se habían cansado de seguir las instrucciones de Yah y no seguían el camino de la rectitud. ¿Cómo podemos evitar hacer lo mismo?

VAYETZE, LECTURA DE LA TORÁ

Lee Génesis 28:10-32:3.
Responde a las siguientes preguntas.

1. ¿Qué estaba haciendo Jacob cuando tuvo el sueño de la escalera? ....

2. ¿Qué estaba sobre la escalera? ....

3. ¿Cuántos años trabajó Jacob por Raquel? ....

4. ¿Quién fue la primera esposa de Jacob? ....

5. ¿Quien fue el primer hijo de Lea? ....

6. ¿Por qué Raquel envidiaba a su hermana Lea? ....

7. ¿Por qué Jacob decidió regresar a Canaán? ....

8. ¿Dónde escondió Raquel los dioses de la casa de su padre? ....

9. ¿Por qué Labán no hizo daño a Jacob? ....

10. ¿Qué nombre le dio Jacob al lugar donde conoció a los ángeles de Dios? ....

VAYETZE, LECTURA DE LOS PROFETAS

Lee Oseas 12:12-14:9.
Responde a las siguientes preguntas

1. ¿A qué tierra huyó Jacob? ....

2. ¿Qué hizo Jacob en esta tierra? ....

3. ¿Cómo hizo Yah para llevar a Israel desde Egipto? ....

4. ¿Cómo es que Efraín pecaba cada vez más y más? ....

5. "Además de Mí no hay _____". (Oseas 13:4) ....

6. ¿Con qué animal se comparó Yah? ....

7. "Los rescataré del poder de _____". (Oseas 13:14) ....

8. ¿Qué sucederá cuando Israel regrese a Yah? (Oseas 14:4) ....

9. ¿Con qué clase de árbol se comparó Yah? ....

10. Los caminos de Yah son rectos y los _____ andarán en ellos.

    (Oseas 14:9) ....

VAYETZE, LECTURA DE LOS APÓSTOLES

Lee Juan 1:43-51, Marcos 1:16-20, y Hebreos 8:6-8.
Responde a las siguientes preguntas.

1. ¿De qué ciudad eran Felipe, Andrés, y Pedro? ....

2. ¿Qué dijo Felipe a Natanael? ....

3. "¡He aquí un _____ israelita, en quien no hay engaño!" (Juan 1:47) ....

4. ¿De quién dijo Natanael que Yeshua era rey? ....

5. ¿Qué dijo Yeshua que Natanael vería? ....

6. ¿Junto a qué mar pasó Yeshua caminando? (Marcos 1:16) ....

7. ¿Cuáles eran los trabajos de Simón, Jacob y Juan? ....

8. ¿Qué le dijo Yeshua a Simón y Andrés? (Marcos 1:17) ....

9. ¿Quién fue el padre de Jacob y Juan? ....

10. ¿Con quién establecerá Yah un nuevo pacto? (Hebreos 8:8) ....

VAYETZE

Lee Génesis 28:10-32:3.
Encuentra y haz un círculo en cada una de las palabras de la siguiente lista.

```
B W V O H G O F D L D D W P S U C V U T
W A S Z H A C U E A H V J A U Z T B I R
E S C A L E R A T B K S P S E S X Y Y I
L M C L Z Y E H H Á F Q L T Ñ X P G V B
I T Z A B M F H G N E H Z O O N E W A U
X M F Z M E M T O D R J S R J H F V L S
H Z Y U N E D L Q M G U O B Z Z E I M D
J V A V Y G L Á B C O D B B E Q K O O E
U L Y D M H L L N Q V B A É E K J T H I
V K U B C M S V O G G Y Q V N U G X A S
G Q M Z J Q J T P S E A U J Q B X L D R
O E V Y T P U I U V H L N P Q V I P A A
S I E T E A Ñ O S W N M E N I Ñ O S X E
T Z E D Q J D N J F T U F S E D U Y N L
F R A Q U E L V A I N B L E A A C V I V
M T J H W C C W E M Q E D U J Z T D L A
P A C T O Y L L S B D U V C R U K Z V U
W J A C O B C Z U F M E E P S A D C Q B
S G K M U Y V L G Z A C B R Z R L Á U X
T R I J T F J U E R Q O Y R M O N X U S
```

LEA	NIÑOS	SIETE AÑOS	RUBÉN
JUDÁ	ÁNGELES	LABÁN	PACTO
JACOB	ESCALERA	SUEÑO	RAQUEL
CAMELLOS	TRIBUS DE ISRAEL	ALMOHADA	PASTOR

Vayetze

Dibuja el escape de Jacob de Labán.

Si la historia de la escalera de Jacob fuera un libro, la cubierta se vería así…

Haz una lista de las tribus de Israel mencionadas en esta Porción de la Torá.

¿Cómo describirías el personaje de Jacob?

REBAÑOS DE JACOB

Abre tu Biblia y lee Génesis 30:25-43.
Responde a las preguntas. Colorea la imagen.

1. ¿Qué clase de ovejas y cabras tomó Jacob como salario? (versículos 32)

....
....
....
....

2. ¿Qué clase de ovejas y cabras sacó Labán de su rebaño? (versículo 35)

....
....
....
....

3. Dónde puso Jacob los palos de madera? (versículo 38)

....
....
....
....

⭐ VAYETZE ⭐

"Salió, pues, Jacob de Beerseba dirigiéndose hacia Harán. Llegó a un cierto lugar, y durmió allí, porque ya el sol se había puesto; después tomó de las piedras de aquel paraje y la puso como cabecera, recostándose en aquel lugar. De pronto soñó: y he aquí una escalera que estaba apoyada en tierra, su extremo tocaba en el cielo; y he aquí ángeles de Yah que subían y descendían por ella." *Génesis 28:10-12*

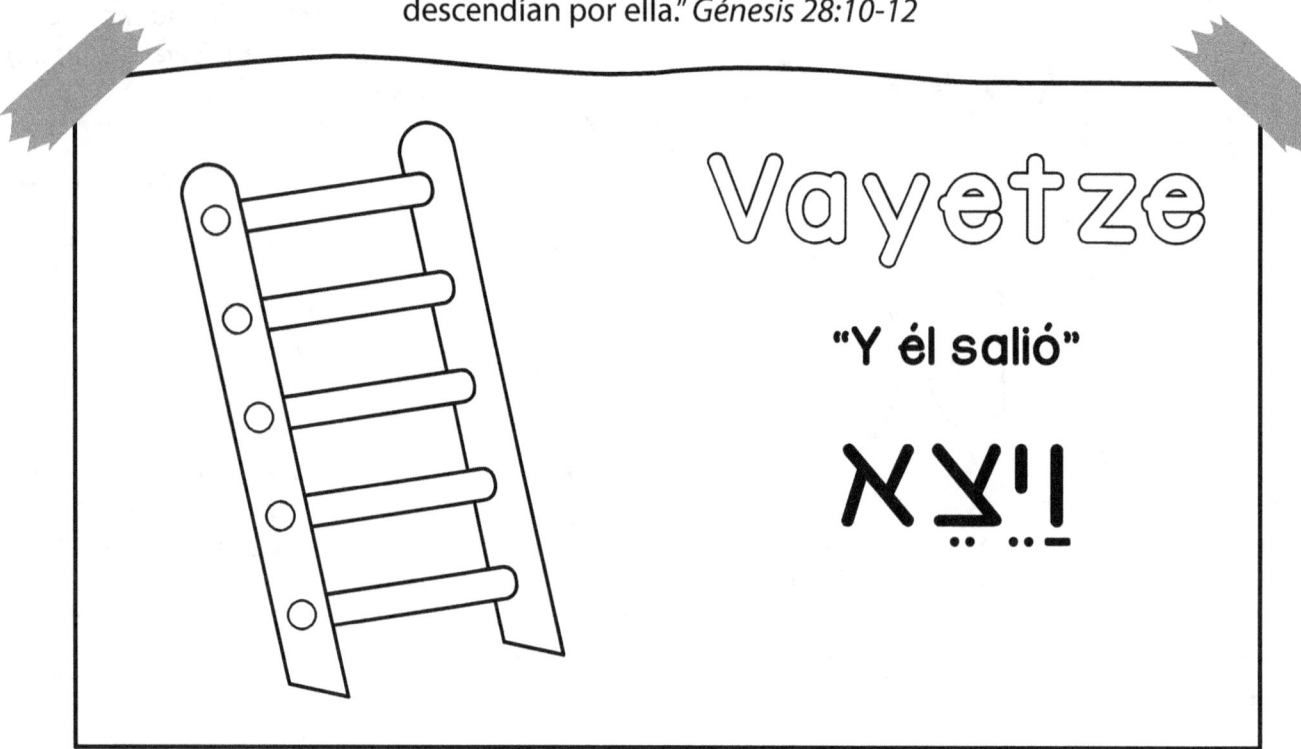

Vayetze

"Y él salió"

וַיֵּצֵא

Traza la palabra Hebrea aquí:	Escribe la palabra Hebrea aquí:
וַיֵּצֵא	

Bereshit | Génesis - Libro de Actividades con Porciones de la Torá

REFLEXIONEMOS: VAYETZE

Abre tu Biblia y lee los versículos mencionados a continuación.
Reflexiona estas preguntas con tu familia, amigos y compañeros de clase.

1. Lee Génesis 28:10-22 y Juan 1:51. En la visión de Jacob, ¿qué estaba intentando decirle Yah? ¿Crees que este sueño tiene algo que ver con Yeshua?

2. Lee Génesis 30:1-31:55. Honestidad, paciencia, y fidelidad son frutos del espíritu. ¿Cómo usó Yah a Labán para mejorar el carácter de Jacob?

3. Lee Oseas 12:13-14:10. En este pasaje Yah habla acerca de la adoración de los israelitas a otros dioses (adulterio espiritual). ¿Cómo cometemos adulterio espiritual hoy en día?

4. Lee Oseas 12:13-14:10. Yah le pide a Su gente (Israel) que regrese a Él y siempre a Él. ¿Cómo podemos hacer esto?

5. Lee Génesis 29-30, Efesios 2:12, y Revelación 21:12. El pasaje en Génesis menciona a los hijos de Jacob que se volverían las Doce Tribus de Israel. Como un seguidor de Yeshua ¿cómo eres parte de Israel hoy en día? ¿cómo eres parte de Israel hoy en día?

VAYISHLAJ, LECTURA DE LA TORÁ

Lee Génesis 32:4-36:43.
Responde a las siguientes preguntas.

1. ¿A quién le envió Jacob mensajeros? ....

2. ¿Cuántos hombres trajo consigo Esaú para encontrarse con Jacob? ....

3. ¿Qué regalos preparó Jacob para Esaú? ....

4. Durante la lucha de Jacob con Yah, ¿qué parte del cuerpo de Jacob tocó? ....

5. "Tu nombre no deberá ser de ahora en adelante Jacob, sino _____, ya que has luchado con Dios y hombres y has prevalecido". ....

6. ¿Cómo nombró Jacob al altar que construyó afuera de Siquem? ....

7. ¿Por qué los hijos de Jacob mataron a todos los hombres que vivían en la ciudad? ....

8. ¿Cómo nombró Jacob al lugar donde Yahweh le habló? ....

9. ¿Cómo murió Raquel? ....

10. ¿Por qué Esaú mudó su familia a la colina de Seir? ....

VAYISHLAJ, LECTURA DE LOS PROFETAS

Lee Oseas 11:7-12:12. Responde a las siguientes preguntas.

1. Mi _____ está decidido a alejarse de Mí. ....

2. ¿Qué crece de manera cálida y suave? ....

3. ¿Quién rugirá como un león? ....

4. ¿Con qué envolvió Efraín a Yahweh? ....

5. ¿Quién caminó aún con Yah y fue fiel? ....

6. ¿Quién hizo un pacto con Asiria? ....

7. ¿Quién luchó contra un ángel y prevaleció? ....

8. ¿Quién tomó a su hermano por el talón cuando todavía estaba en el vientre? ....

9. ¿Cuándo nos hará Yah luchar en carpas? ....

10. ¿A qué tierra huyó Jacob? ....

VAYISHLAJ, LECTURA DE LOS APÓSTOLES

Lee Mateo 26:36-46, 1 Corintios 5:1–13, y Revelación 7:1–14.
Responde a las siguientes preguntas.

1. ¿En qué jardín rezó Yeshua? (Mat 26:36) ....

2. ¿Cuáles tres discípulos llevó con Él? ....

3. ¿Qué hicieron los discípulos mientras Yeshua rezaba? ....

4. ¿Qué rezó Yeshua? ....

5. "Mirad, la hora se acerca y el _____ es traicionado…" (Mat 26:45) ....

6. ¿Qué hace leudar toda la masa? (1 Cor 5:6) ....

7. ¿Quién es nuestro cordero de Pésaj? ....

8. ¿Con quién no deberían relacionarse los creyentes corintios? ....

9. ¿Cuántos ángeles se encontraban parados en los cuatro rincones de la tierra? (Rev 7:1) ....

10. ¿Cuántos sirvientes de cada una de las tribus de Israel fueron sellados? (Rev 7:4) ....

VAYISHLAJ

Lee Génesis 32:4-36:43.
Encuentra y haz un círculo en cada una
de las palabras de la siguiente lista.

```
U M Y C R W T D M Z J J K K W B O S R O
N E L I J N M T J Y K P C N C Y X Q O D
H N U U N L X K I J R M A Z X R S T N K
R S D D Y O H V R X O S I R Z O W P D U
X A J A U M K M P G N I Z V T V C P E V
J J M D M B Q T O D T Q G N L O A A V I
I E F C B U D O W Q F U O V O B D B M S
K R J Z A Z I N X N A E K A T J E F V R
A O A B N S N F I N Z M R Z Q U R P D A
R L B Q D R A E E J W O X A R P A G J E
A F T E U N L U C H A B W E E U O M Q L
B X V A E E J S Q K X O A O B G P B H R
G F M P R Z L A C U J G G S A V D W U Z
P I W M W D U D W R R R U Q Ñ K U G F J
I I D K L O B N S R E G A L O S R E F B
A Y K C Z U U Z J T F U C T S V F Y Q E
E S A Ú J R C E N T W T D F J A C O B T
E X J U A M I A N F B P V Z P T S M N E
M H M Q M J S B Q T G E O A Z H B Y E L
K W U O S J B E N J A M Í N L G B D Y G
```

BENJAMÍN REBAÑOS LUCHA   ISRAEL
BETEL   ALTAR   PARTO   SIQUEM
CIUDAD   MENSAJERO DINA   RAQUEL
JACOB   CADERA   REGALOS ESAÚ

Vayishlaj

Dibuja una imagen para contar la historia de Jacob luchando contra el Ángel.

Esta porción de la Torá me enseña...

Imagina que eres Esaú. ¿Qué le dirías a Jacob cuando lo veas?

Dibuja los regalos que Jacob le envió a Esaú

JACOB SE REÚNE CON ESAÚ

Abre tu Biblia y lee Génesis 32:3-21.
Responde a las preguntas. Colorea la imagen.

1. ¿Por qué Jacob estaba preocupado acerca de reunirse con Esaú? (versículo 6)

....
....
....
....

2. ¿Qué regalos le envió Jacob a Esaú? (versículo 14-15)

....
....
....
....

3. ¿Por qué Jacob le envió regalos a Esaú? (versículo 20)

....
....
....
....

VAYISHLAJ

"Y les mandó diciendo: Así dirás a mi señor Esaú: Así dice tu siervo Jacob: Con Labán he morado, y me he detenido hasta ahora; y tengo vacas, asnos, ovejas, y siervos y siervas; y envío a decirlo a mi señor, para hallar gracia en tus ojos."

Génesis 32:4-5

Traza la palabra Hebrea aquí:	Escribe la palabra Hebrea aquí:
וישלח	
וישלח	

REFLEXIONEMOS: VAYISHLAJ

Abre tu Biblia y lee los versículos mencionados a continuación.
Reflexiona estas preguntas con tu familia, amigos y compañeros de clase.

1. Lee Génesis 27:41–42 y 32:9-12: ¿Por qué Jacob oraba a Yah? ¿Qué le preocupaba? ¿Qué haces cuando te encuentras en una situación difícil?

2. Lee Génesis 32:9-12. ¿Qué es rezar? ¿Era Jacob humilde cuando oraba? ¿Qué podemos aprender de las plegarias de Jacob?

3. Lee Génesis 32:22–32 y Oseas 12: 3-4. ¿Contra quién luchó Jacob toda la noche? ¿Por qué necesitó luchar toda la noche? ¿Qué nos enseña este evento acerca de caminar con Elohim- Yeshua?

4. Lee Proverbios 13:20 y 1 Corintios 5:9-11. ¿Por qué crees que es sabio no relacionarse con otros creyentes de Yeshua si son culpables de ser inmorales sexualmente, avaros, idólatras, rebeldes, borrachos o mentirosos?

5. Lee Oseas 11:7-12:12. ¿Cuáles son los pecados de Efraín? ¿Cualquiera de estos pecados se aplican a ti o a la Iglesia? ¿Cómo ve Yah este comportamiento?

VAYESHEV, LECTURA DE LA TORÁ

Lee Génesis 37:1-40:23.
Responde a las siguientes preguntas.

1. ¿Quién fue el padre de José? ....

2. ¿Cuál fue el primer sueño de José? ....

3. ¿Cómo se deshizo de José, su hermano? ....

4. ¿Qué sucedió con los dos esposos de Tamar, Er y Onán? ....

5. ¿Quién fue el amo de José en Egipto? ....

6. ¿Por qué Yah bendijo la casa de Potifar? ....

7. ¿Por qué enviaron a José a la prisión? ....

8. ¿Los sueños de quién interpretó José en la prisión? ....

9. ¿Quién era el rey de Egipto? ....

10. ¿Qué hizo el rey en su cumpleaños para el copero y el panadero? ....

VAYESHEV, LECTURA DE LOS PROFETAS

Lee Amós 2:6-3:8.
Responde a las siguientes preguntas.

1. ¿A cambio de qué venden lo justo? ....

2. ¿Quién destruyó a los Amorreos? ....

3. ¿Fuera de qué tierra Yah sacó a los Israelitas? ....

4. ¿Por cuánto tiempo estuvieron los Israelitas en el desierto? ....

5. ¿Yah levantó a los hombres para ser qué? ....

6. ¿Qué les hicieron hacer los Israelitas a los Nazareos? ....

7. ¿Qué les dijeron los Israelitas a los profetas? ....

8. ¿Harán dos caminatas _____ si no han acordado reunirse? ....

9. ¿A quién le revela Yah Sus secretos? ....

10. El _____ ha rugido, ¿quién no temerá? ....

VAYESHEV, LECTURA DE LOS APÓSTOLES

Lee Hechos 7:9-16.
Responde a las siguientes preguntas.

1. ¿Por qué los patriarcas vendieron a José como esclavo? ....
2. ¿Quién rescató a José de sus males? ....
3. ¿Qué tuvo José antes del Faraón? ....
4. ¿Qué trabajo le dio el Faraón a José? ....
5. ¿Qué desastre cayó sobre Egipto y Canaán? ....
6. ¿Por qué Jacob envió sus hijos a Egipto? ....
7. ¿En qué visita José le dijo a sus hermanos quién era? ....
8. ¿A qué tierra se mudó Jacob? ....
9. ¿En qué lugar fue enterrado José? ....
10. ¿De quién adquirió la tumba Abraham? ....

VAYESHEV

Lee Génesis 37:1-40:23.
Encuentra y haz un círculo en cada una de las palabras de la siguiente lista.

COPERO	HERMANOS	REY	CANAÁN
CELOSO	TRIGO	POTIFAR	SUEÑOS
EGIPTO	ABRIGO	PRISIÓN	POZO
JACOB	SOL	JOSÉ	SIRVIENTE

Vayeshev

Dibuja los dos sueños de José.

Describe el personaje de José.

Completa esta oración: Luego de que José fuera vendido como esclavo, él...

Esta porción de la Torá me enseña...

VENDIDO COMO ESCLAVO

Abre tu Biblia y lee Génesis 37.
Responde a las preguntas. Colorea la imagen.

1. ¿Qué prenda de vestir le dio Jacob a José? (versículo 3)

....
....
....
....

2. ¿Quién vendió a José como esclavo? (versículos 26-27)

....
....
....
....

3. ¿A qué tierra fue llevado José por los comerciantes? (versículo 28)

....
....
....
....

VAYSHEV

"Habitó Jacob en la tierra donde había morado su padre, en la tierra de Canaán. Esta es la historia de la familia de Jacob: José, siendo de edad de diecisiete años, apacentaba las ovejas con sus hermanos; y el joven estaba con los hijos de Bilha y con los hijos de Zilpa, mujeres de su padre; e informaba José a su padre la mala fama de ellos."

Génesis 37:1-2

Traza la palabra Hebrea aquí:	Escribe la palabra Hebrea aquí:
וַיֵּשֶׁב	

Bereshit | Génesis - Libro de Actividades con Porciones de la Torá

REFLEXIONEMOS: VAYESHEV

Abre tu Biblia y lee los versículos mencionados a continuación.
Reflexiona estas preguntas con tu familia, amigos y compañeros de clase.

1. ¿Cuál era el trabajo de José antes de ser vendido como esclavo? ¿Cuál era el "trabajo" espiritual de Yeshua? (Juan 10:14)

2. Los hermanos de José lo odiaban. ¿Qué pasaba con Yeshua? (Gen 37:4 y Juan 1:11, 15:25)

3. En sus sueños, José se veía a sí mismo como el portador de Israel. Yeshua se veía a sí mismo como el Salvador de Israel. (Gen 37: 5-11 y Juan 6:35, 8:12)

4. Los hermanos de José lo vendieron por piezas de plata. Judas traicionó a Yeshua por plata. (Gen 37:28 y Mat 26:15)

5. José fue llevado a Egipto para evitar que lo mataran, mientras que Yeshua fue llevado a Egipto para evitar a "Herodes el Grande". (Gen 37:28 y Mat 2:13-14)

6. Tanto la túnica de José como la bata de Yeshua estaban cubiertas de sangre. (Gen 37:31, Marc 15:17-20, y Rev 19:13)

7. Los hermanos de José comieron una comida mientras él se encontraba en el pozo. Israel comió la comida de Pésaj mientras Yeshua estaba en la tumba. (Gen 37:25 y Juan 13:1)

8. José fue hecho prisionero con otros dos criminales. Yeshua fue crucificado al lado de dos criminales. (Gen 40:2-3 y Juan 19:18)

MIKETZ, LECTURA DE LA TORÁ

Lee Génesis 41:1-44:17.
Responde a las siguientes preguntas.

1. ¿Qué hizo José por el Faraón? ....

2. ¿Qué nuevo nombre le dio el Faraón a José? ....

3. ¿Qué nuevo trabajo le dio el Faraón a José? ....

4. ¿Cuáles eran los nombres de los dos hijos de José? ....

5. ¿Qué hizo José durante los siete años de abundancia? ....

6. ¿Por qué envió Jacob a sus hijos a Egipto? ....

7. ¿Qué hermano José mantuvo como su prisionero mientras los otros hermanos regresaban a su casa? ....

8. ¿Qué hermano José dijo a sus hermanos que trajeran de regreso a Egipto? ....

9. ¿Durante la comida, por qué los egipcios comen en otra mesa? ....

10. ¿Qué le dijo José a su sirviente que escondiera en el saco de Benjamín? ....

MIKETZ, LECTURA DE LOS PROFETAS

Lee 1 Reyes 3:15-4:1.
Responde a las siguientes preguntas.

1. ¿Qué hizo Salomón luego de despertarse de su sueño? ....

2. ¿Qué tipo de ofrendas hizo Salomón? ....

3. ¿Para quién hizo un festín Salomón? ....

4. ¿Quién vino y se paró frente a Salomón? ....

5. ¿Cómo murió el hijo de la mujer? ....

6. ¿Sobre qué discutían las dos mujeres? ....

7. ¿Cómo respondió Salomón a las mujeres en 1 Reyes 3:24? ....

8. ¿Cuál fue la primera solución de Salomón a este problema? ....

9. ¿Cuál fue la solución final de Salomón a este problema? ....

10. ¿Por qué los Israelitas se quedaron asombrados con Salomón? ....

MIKETZ, LECTURA DE LOS APÓSTOLES

Lee Mateo 7:2 y Hechos 7:9-16.
Responde a las siguientes preguntas.

1. ¿Cómo seremos juzgados en Mateo 7:2?

2. ¿Por qué los patriarcas vendieron a José hacia Egipto?

3. ¿Quién rescató a José de sus problemas?

4. ¿Qué le dio Yah a José antes del Faraón?

5. ¿Quién era el rey de Egipto?

6. ¿Qué desastre natural ocurrió en las tierras de Israel y Canaán?

7. ¿Por qué Jacob envió a sus hijos a Egipto?

8. ¿Cuántas veces los hermanos visitaron Egipto?

9. ¿En qué visita José le dijo a sus hermanos quién era?

10. ¿En qué tierra murió Jacob?

MIKETZ

Lee Génesis 41:1-44:17.
Encuentra y haz un círculo en cada una
de las palabras de la siguiente lista.

```
Q R B U R R O S R T S C Y F F Y J D B Z
B Z Z Q L E U M I Y E T N J L Q A L M C
H V C J H Q E X C R N G G U S M T A O
T A N S W D E L T T V W I A M D X O O P
O V M J H X R J F Q F I S P I M Á C C A
I B R B U L U M P U M A E A C V F P L D
J H R K R M T O S R I Y S N M I Q H C E
C T E O L U Q W R C K G X J T T O Q E P
L J E B X F N H K L O D M S Y E A S R L
R B Z G R L V A Y Q F X K A J L G U E A
T R J Z I E S I M E Ó N L C N E Q X A T
L Z M K I P O O T U V M F O F V P T L A
N J S N E K T S H H B A P M I Y W G F A
Z H X U T R G O Q K P B S K P O S V L G
Z Y Q J E E T C N H D Z S R F E S X X H
H T G D E Ñ I N P J Q J R J A P O U L V
E Y B C R K O L S S O K G R I P H M T Z
W R R N V Z K S W G I S F E G B V V E E
G D B P L Y D W P E C G É F V A C A S Y
U L D I N E R O J M Y B E N J A M Í N N
```

JUDÁ   EGIPTO   VACAS   EGIPCIOS
BENJAMÍN   COPA DE PLATA   HEBREOS   SACO
HAMBRUNA   SIMEÓN   DINERO   SIRVIENTE
CEREAL   JOSÉ   SUEÑOS   BURRO

Miketz

Dibuja un mapa de Egipto y Canaán. Traza el camino de los hermanos en bolígrafo rojo sobre tu mapa.

Describe una vez que hayas sido acusado de algo que no hiciste.

Si José y la copa de plata fueran una película, el póster se vería así...

Esta porción de la Torá me enseña...

JOSÉ Y EL FARAÓN

Abre tu Biblia y lee Génesis 41.
Responde a las preguntas. Colorea la imagen.

1. ¿Qué dos piezas de joyas le dio el Faraón a José? (versículo 42)

....
....
....
....

2. ¿Qué le dio el Faraón a José para que montara? (versículo 43)

....
....
....
....

3. ¿Qué edad tenía José cuando se convirtió en gobernador de Egipto? (versículo 46)

....
....
....
....

✶ MIKETZ ✶

"Aconteció que pasados dos años tuvo Faraón un sueño. Le parecía que estaba junto al río; y que del río subían siete vacas, hermosas a la vista, y muy gordas, y pacían en el prado. Y que tras ellas subían del río otras siete vacas de feo aspecto y enjutas de carne, y se pararon cerca de las vacas hermosas a la orilla del río."

Génesis 41:1-3

Miketz

"Y el fin"

מִקֵּץ

Traza la palabra Hebrea aquí:	Escribe la palabra Hebrea aquí:
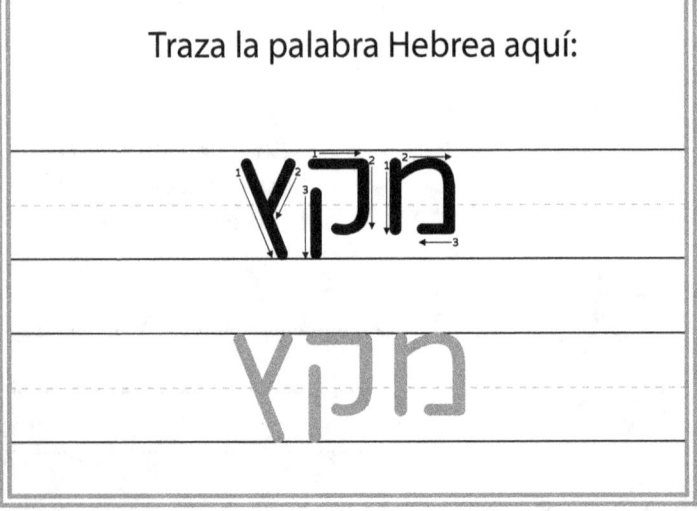	

REFLEXIONEMOS: MIKETZ

Abre tu Biblia y lee los versículos mencionados a continuación.
Reflexiona estas preguntas con tu familia, amigos y compañeros de clase.

1. Lee Génesis 41. Yah aparece en el momento perfecto. ¿Crees en esto? Si es así, da ejemplos de cuando esto haya sucedido en tu vida.

2. Lee Génesis 41-44. A pesar de que José enfrentó muchos juicios, se mantuvo fiel a Yah. ¿Qué dice esto acerca del carácter de José? ¿Cómo te mantienes fiel cuando te enfrentas a pruebas y juicios?

3. Lee Génesis 41-44 y Salmo 37:1-40. ¿Abandonó Yah a José durante este tiempo? ¿Qué nos enseña esto acerca de las vidas de personas justas?

4. Compara la vida de José y de Yeshua. ¿Qué similitudes ves en esta Porción de la Torá?

5. Lee Génesis 43. ¿Por qué crees que José quería poner a prueba a sus hermanos antes de decirles quién era?

VAYIGASH, LECTURA DE LA TORÁ

Lee Génesis 44:18-47:27.
Responde a las siguientes preguntas.

1. ¿Qué hermano se ofreció para ser el sirviente de José? ....

2. ¿Cómo reaccionaron los hermanos de José cuando les dijo quién era él? ....

3. ¿Quién convirtió a José en el gobernante de Egipto? ....

4. ¿Qué dijo el Faraón que les daría a los hermanos de José? ....

5. ¿Qué le dio José a Benjamín para el viaje de regreso a Canaán? ....

6. ¿Qué le dijo Yahweh a Jacob (Israel) en el viaje a Egipto? ....

7. ¿En qué tierra se instaló la familia de José? ....

8. ¿Por qué los hermanos de José le dijeron al Faraón que eran pastores? ....

9. ¿Qué les dio José a los egipcios a cambio de su ganado? ....

10. En tiempo de cosecha, ¿qué les dijo José a los egipcios que debían darle al Faraón? ....

VAYIGASH, LECTURA DE LOS PROFETAS

Lee Ezequiel 37:15-28.
Responde a las siguientes preguntas

1. ¿Qué dijo Yah que debía escribirse en el palo de José? ....

2. ¿Qué dos palos se unirán? ....

3. ¿Dónde se encuentran viviendo las personas de Israel hoy en día? (Eze 37:21) ....

4. ¿Quién gobernará la Casa unida de Israel? ....

5. "Ellos deberán ser Mi _____, y yo seré su Elohim". ....

6. ¿Las reglas de quién obedecerá la Casa unida de Israel? ....

7. ¿En qué tierra vivirá la Casa de Israel? ....

8. ¿Qué clase de pacto hará Yah con la Casa de Israel? ....

9. "Estableceré mí _____ en su centro para siempre..." ....

10. ¿Quién gobernará sobre los Israelitas como rey? ....

VAYIGASH, LECTURA DE LOS APÓSTOLES

Lee Mateo 10:6-8, 34, Romanos 9:1-19, 11:13-24, y Efesios 2:11-22. Responde a las siguientes preguntas.

1. ¿Con quién le dijo Yeshua a Sus discípulos que debían ir y compartir el evangelio? (Mat 10:6) ....

2. "No pienses que he venido a traer _____ a la tierra..." (Mat 10:34) ....

3. ¿Cómo describe Pablo a sus familiares en Romanos 9:4? ....

4. ¿Mediante quién tu descendiente será nombrado en Romanos 9:7? ....

5. Como está escrito, "A Jacob amé, pero a _____ odié." ....

6. ¿Qué le dijo Yah a Moisés en Romanos 9:15? ....

7. ¿Para quién Pablo era un apóstol? ....

8. "Tú, un brote de olivo salvaje, fuiste _____ entre los otros y ahora compartes en la raíz nutrida del árbol de olivo". (Romanos 11:17). ....

9. Antes de la muerte de Yeshua, ¿quiénes estaban alejados de la comunidad de Israel? (Efe 2:12) ....

10. ¿Quién es el pilar en Efe 2:20? ....

VAYIGASH

Lee Génesis 44:18-47:27.
Encuentra y haz un círculo en cada una de las palabras de la siguiente lista.

```
X J F U Q T D K D R Q F B F F D U W V V
C J A P A S T O R E S C E A D L K L M A
T M D C E N E Y Z F G H E R Z F P O T G
F G G I O G B C I U K C R A M Z Q R O Ó
I A S G A B I I X Z K C S Ó J P F I K N
K I M X K Z Z P G B Q I E N R X S T Z H
O Q M S Z U F E T O K P B B N I O N B Z
K G O S É N X P U O B Y A E Q S F M C F
V B P B Q Y E P V M M E J Y D O B X D B
X D E J Z D T S J Z I A R M Q S X X I O
A E V G B M Z J Y V X J Z N U F J A S B
N C W I I E E Q G A N A D O A U J V C N
T C L U K P Y W D R N D I P Z N N D U S
R J A C Q N C T H W B C Q Q D G T V T Q
K E R N Q Y J I R Z P S Z R D M W E I R
X X Q Y A O T R O A L W N O G D I Z R C
N W J Q A Á D D H S G O F P J O S É I W
I V K C L H N J F N O X Y A I R T H Q H
N H S I R V I E N T E Q A S R M A X F V
E E X H C U R P H V S P E B N Z D Q F I
```

VAGÓN	GOBERNANTE	GANADO	PASTORES
GOSÉN	JACOB	JOSÉ	ROPAS
EGIPTO	BEERSEBA	YAH	EGIPCIOS
DISCUTIR	FARAÓN	CANAÁN	SIRVIENTE

Vayigash

Dibuja un mapa de Egipto. Recuerda incluir la tierra de Gosén.

Imagina que eres el hermano de José. Si descubrieras de pronto que él es el gobernante de Egipto, ¿cómo cambiaría tu vida?

Esta porción de la Torá me enseña…

Diseña un carruaje egipcio para José. ¡Usa tu imaginación!

JOSÉ Y SUS HERMANOS

Abre la Biblia y lee Génesis 45.
Responde las preguntas. Colorea la imagen.

1. ¿Por qué José no estaba enojado con sus hermanos? (versículo 5)

....
....
....
....

2. ¿Dónde en Egipto les dijo José a sus hermanos que podrían vivir? (versículo 10)

....
....
....
....

3. ¿Qué les dio José a sus hermanos para el viaje a Canaán? (versículo 21 y 22)

....
....
....
....

✦ VAYIGASH ✦

"Entonces Judá se acercó a él, y dijo: Ay, señor mío, te ruego que permitas que hable tu siervo una palabra en oídos de mi señor, y no se encienda tu enojo contra tu siervo, pues tú eres como Faraón."

Génesis 44:18

Traza la palabra Hebrea aquí:

Escribe la palabra Hebrea aquí:

---

www.biblepathwayadventures.com

Bereshit | Génesis - Libro de Actividades con Porciones de la Torá

98

© BPA Publishing Ltd 2020

REFLEXIONEMOS: VAYIGASH

Abre tu Biblia y lee los versículos mencionados a continuación.
Reflexiona estas preguntas con tu familia, amigos y compañeros de clase.

1. Lee Génesis 45:4-15. ¿Por qué José no estaba enojado con sus hermanos por haberlo vendido como esclavo?

2. Lee Génesis 45:16-21. ¿Por qué crees que el Faraón le hizo ese favor a la familia de José?

3. Lee Génesis 46. ¿Puedes nombrar las doce tribus de Israel?

4. Lee Mateo 10:1-10. ¿A quién mandó Yeshua sus discípulos para que predicaran el evangelio? ¿Quiénes son las ovejas perdidas de la Casa de Israel? ¿Dónde viven hoy en día?

5. Lee Mateo 10:34-35. ¿Qué crees que Yeshua quiso decir cuando dijo que no ha venido a traer paz a la tierra, sino una espada?

6. Lee Génesis 47:13-22. ¿Cómo llegó José a poseer la mayor parte de la tierra egipcia?

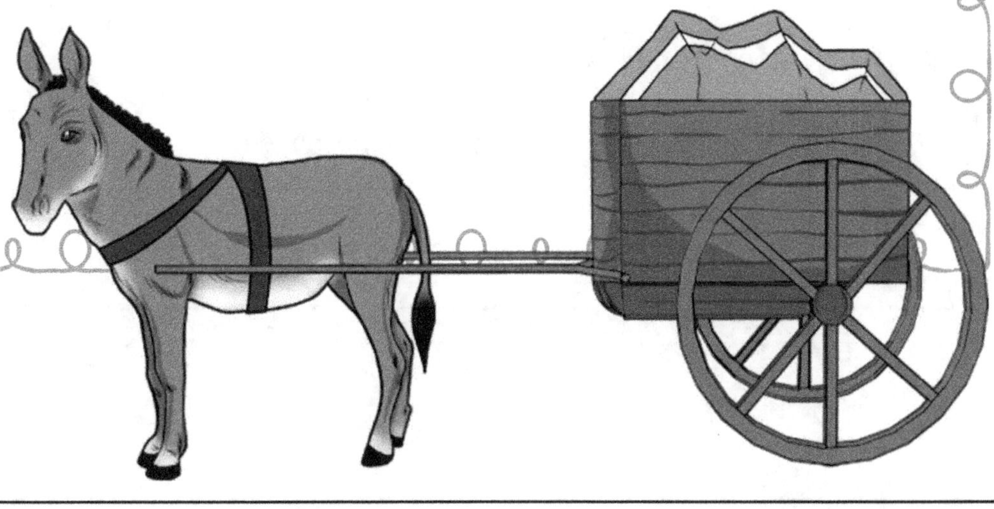

VAYEJI, LECTURA DE LA TORÁ

Lee Génesis 47:28-50:26.
Responde a las siguientes preguntas.

1. ¿Qué edad tenía Jacob cuando murió? ....

2. ¿Quién fue el primer hijo de José? ....

3. ¿En la cabeza de quién apoyó Jacob su mano derecha? ....

4. ¿Las armas de violencia de quiénes son las espadas? ....

5. ¿Qué no deberá partir de Judá? ....

6. ¿Qué tribu de Israel luchará en la costa del mar? ....

7. ¿Qué tribu de Israel será como fuertes burros? ....

8. ¿Cuántos días los egipcios lloraron por Jacob? ....

9. ¿Dónde fue enterrado Jacob? ....

10. Después de que Jacob murió, ¿por qué los hermanos de José se preocuparon? ....

VAYEJI, LECTURA DE LOS PROFETAS

Lee 1 Reyes 2:1-12.
Responde a las siguientes preguntas.

1. ¿David le dijo a Salomón que siguiera los mandamientos de quién? ....

2. ¿Qué pasará cuando Salomón siga las instrucciones de Yahweh? ....

3. ¿Quién mató a Abner y Amasa? ....

4. ¿Con quién deberá Salomón lidiar lealmente? ....

5. ¿De qué tribu de Israel era Simei? ....

6. ¿Qué le hizo Simei al Rey David? ....

7. ¿Dónde conoció el Rey David a Simei? ....

8. ¿Dónde fue enterrado el Rey David? ....

9. ¿Por cuánto tiempo reinó David como rey sobre Israel? ....

10. ¿Quién se convirtió en rey luego de que David murió? ....

VAYEJI, LECTURA DE LOS APÓSTOLES

Lee 1 Pedro 2:4-10, Lucas 1:23-33, Hebreos 11:21–22, y Revelación 5:5. Responde a las siguientes preguntas.

1. ¿Quién visitó a María en Lucas 1:26? ....

2. ¿Qué nombre le dijo el ángel a María que le pusiera a su Hijo en Lucas 1:31? ....

3. ¿Quién reinará para siempre sobre la Casa de Israel en Lucas 1:33? ....

4. ¿Qué hizo Jacob por fe mientras estaba muriendo? ....

5. ¿Cómo adoraba Jacob? ....

6. ¿Qué hizo José por fe cuando su final estaba cerca? ....

7. He aquí pongo en Sión la principal _____ escogida preciosa. (1 Pedro 2:6) ....

8. Tropiezan porque desobedecen _____. (1 Pedro 2:8) ....

9. ¿Quién puede abrir el pergamino y los siete sellos? ....

10. La Raíz _____. (Rev 5:5) ....

VAYEJI

Lee Génesis 47:28-50:26.
Encuentra y haz un círculo en cada una
de las palabras de la siguiente lista.

DEAMBULAR	ISACAR	EFRAÍN	RUBÉN
JACOB	SIMEÓN	ASER	JUDÁ
EGIPTO	MANASÉS	LEVÍ	NEFTALÍ
DAN	JOSÉ	ZABULÓN	BENJAMÍN

Vayeji

¿Cómo describirías el personaje de José en Génesis 50?

Diseña un estandarte para una de las tribus de Israel.

Esta porción de la Torá me enseña…

Dibuja la coraza del Sumo Sacerdote.

DOCE TRIBUS DE ISRAEL

Jacob (Israel) bendijo a sus doce hijos antes de morir.
Lee Génesis 49. Escribe las Doce Tribus de Israel debajo. Colorea la imagen.

1. ....
2. ....
3. ....
4. ....
5. ....
6. ....
7. ....
8. ....
9. ....
10. ....
11. ....
12. ....

VAYEJI

"Y vivió Jacob en la tierra de Egipto diecisiete años; y fueron los días de Jacob, los años de su vida, ciento cuarenta y siete años. Y llegaron los días de Israel para morir, y llamó a José su hijo, y le dijo: Si he hallado ahora gracia en tus ojos, te ruego que pongas tu mano debajo de mi muslo, y harás conmigo misericordia y verdad. Te ruego que no me entierres en Egipto."

Génesis 47:28-29

Traza la palabra Hebrea aquí:	Escribe la palabra Hebrea aquí:

REFLEXIONEMOS: VAYEJI

Abre tu Biblia y lee los versículos mencionados a continuación.
Reflexiona estas preguntas con tu familia, amigos y compañeros de clase.

1. Lee Génesis 49, Mateo 10:6; 15:24. Las doce tribus de Israel son un tema importante a lo largo de la Biblia. ¿Yeshua le dijo a Sus discípulos que se enfocaran en las tribus de Israel?

2. Lee Génesis 48:14-16. ¿Quién es Israel de acuerdo con Jacob? ¿Es igual hoy en día?

3. Lee Génesis 48:14-16. Cuando Jacob apoyó sus manos en Efraín y Manasés, cruzó sus brazos. Investiga este gesto y por qué es importante.

4. Lee 1 Reyes 2:1-12. ¿Por qué es importante que sigamos la Torá? ¿Qué sucede cuando somos fieles a ésta?

5. Lee Lucas 1:31. Investiga el nombre "Yeshua". ¿Puedes explicar qué significa Su nombre?

6. Lee Génesis 50:25. José les pidió a sus hermanos (o sus descendientes) que llevaran sus huesos cuando se fueran de Egipto (el Éxodo). ¿Dónde en la Biblia dice que ellos cumplieron esta promesa?

GUÍA DE RESPUESTAS

Bereshit, Lectura de la Torá
1. Sexto día.
2. Descansó
3. Pisón, Guijón, Tigris, Éufrates
4. Adán
5. Eva
6. Ofrenda de Caín
7. Su hermano Caín
8. Tierra de Nod (Este de Edén)
9. Adán tenía 930 años de edad
10. Noé

Bereshit, Lectura de los Profetas
1. Yah
2. Sela
3. Poderoso
4. Oscuridad
5. Su ley (Torá)
6. Gente de Israel
7. Aguas
8. Yah o Elohim
9. Egipto
10. No – ni antes ni después de Yah (Isaías 43:10)

Bereshit, Lectura de los Apóstoles
1. Unió
2. Masculino, Femenino
3. La Palabra
4. Soportar ser testigo de la luz (para decir a la gente sobre Yeshua)
5. La Palabra (Yeshua)
6. Moisés
7. Yeshua el Mesías
8. Nadie
9. Mediante un hombre
10. Pecado (pero no es tomado como tal cuando no hay Torá)

Caín y Abel
1. El primogénito de su rebaño y de sus partes grasas
2. Caín
3. Tierra de Nod

Noaj, Lectura de la Torá
1. Sem, Cam y Jafet
2. Siete pares
3. 600 años de edad
4. Monte de Ararat
5. Un arcoíris
6. Hasta los cielos
7. Él mezcló sus lenguajes
8. Tierra de Sinar
9. Yah las esparció por toda la tierra
10. Abram, Nacor y Harán

Noaj, Lectura de los Profetas
1. Derecha, izquierda
2. El Creador
3. Yah
4. Compasión
5. El amor de Yah
6. Yah, paz
7. Lucha
8. Aguas
9. Nuestra alma vive
10. Un testigo para las personas, un jefe y maestro

Noaj, Lectura de los Apóstoles
1. El Padre
2. Antes de la Inundación (en los días de Noé)
3. Uno será llevado y el otro dejado
4. No hubiera permitido que hubiera entrado en su casa
5. Para estar listo cuando Yeshua regrese
6. En un horario inesperado
7. Para traernos a Yah (para devolvernos a Yah)
8. Ocho personas
9. A mano derecha de Yah
10. Ángeles, autoridades y poderes

Limpios e Inmundos
1. Siete
2. Uno
3. 600 años de edad

Lej-Leja, Lectura de la Torá
1. 75 años de edad
2. Sara (Sarai)
3. Egipto
4. Porque Sara estaba viviendo en la casa del Faraón
5. Valle del Jordán
6. Peleó para salvarlo
7. Pan y vino
8. Desde el río de Egipto hasta el gran río Éufrates, la tierra de los ceneos, cenezeos, cadmoneos, heteos, ferezeos, refaítas, amorreos, cananeos, gergeseos y los jebuseos
9. Ismael
10. Un hijo llamado Isaac

Lej-Leja, Lectura de los Profetas
1. Yah nuestro Elohim
2. Un Dios eterno
3. Cansancio
4. Renuevan su fuerza
5. Reyes
6. Primero
7. Su sirviente
8. Abraham
9. Yah
10. El Santo de Israel

Lej-Leja, Lectura de los Apóstoles
1. Deja tu país y tu gente, y ve al país que yo te indicaré
2. Pacto de circuncisión
3. Doce tribus de Israel (doce patriarcas)
4. Justicia
5. Justicia por la fe
6. Transgresión
7. Salem
8. Un décimo de todo de lo que él era dueño
9. Tribu de Levi
10. Tribu de Judá

El Faraón
1. Egipto
2. A la casa del Faraón
3. Con grandes plagas

Vayeira, Lectura de la Torá
1. Tres hombres
2. Sara (Sarai)
3. Dos
4. Fuego y sulfuro (azufre) del cielo
5. Se convirtió en un pilar de sal
6. Ovejas y vacas, siervos y siervas
7. 100 años de edad
8. Desierto Paran
9. Beerseba
10. Para ofrecer a Isaac como ofrenda para quemar

Vayeira, Lectura de los Profetas
1. Porque un hombre estaba viniendo a llevarse a sus dos hijos y convertirlos en esclavos
2. Una vasija (cuenco) de aceite de oliva
3. "Toma prestados cuencos de todos tus vecinos. Deben estar vacíos. Pide muchos cuencos. Solo tú y tus hijos estarán en la casa. Luego pon aceite en todos los cuencos, Llénalos y ponlos en diversos lugares".
4. Sunén
5. Giezi
6. Tendrá un hijo varón
7. Su hijo murió
8. Monte Carmelo
9. No era Shabat o Luna Nueva
10. Eliseo se recostó sobre el niño. Puso sus ojos sobre los ojos del niño, su boca sobre la boca del niño, y sus manos en las manos del niño. Permaneció allí sobre el niño hasta que el cuerpo del pequeño tomó temperatura. Luego Eliseo se dio vuelta y salió de la habitación, regresó y se recostó sobre el niño hasta que este estornudó siete veces y abrió sus ojos.

Vayeira, Lectura de los Apóstoles
1. Dos hijos: Isaac e Ismael
2. Arabia
3. Agar
4. Sara
5. Jerusalén
6. La promesa
7. Libre
8. Fe
9. Obras
10. Dios, justicia

Sacrificio de Isaac
1. Tierra de Moriah
2. Un altar
3. Un carnero

Jayei Sarah, Lectura de la Torá
1. 127 años de edad
2. Cuatrocientos shekels de plata
3. En la Cueva en el campo de Machpelah
4. No elijas a una esposa para mi hijo entre las hijas de los cananeos, entre quienes yo lucho, en cambio ve a mi país entre mis familiares y elige una esposa para mi hijo Isaac.
5. Diez camellos
6. La ciudad de Nacor
7. Labán
8. Un anillo de oro, dos brazaletes, joyería de oro y plata, y ropa
9. Isaac, hijo de Abraham
10. Cetura

Jayei Sarah, Lectura de los Profetas
1. Abisag la sunamita
2. Adonías, hijo de Aggith
3. Roca de serpiente
4. Natán el profeta, Salomón y Benaía
5. Betsabé
6. Salomón
7. Betsabé y Natán el profeta
8. Sadoc y Abiatar
9. Salomón y Absalón
10. Natán era un profeta

Jayei Sarah, Lectura de los Apóstoles
1. Mediante la fe
2. "…tantos como las estrellas del cielo y tantos como los incontables granos de arena al costado del mar".
3. Un país celestial
4. Carne y sangre
5. Con el último soplo de trompeta
6. Al ver el comportamiento respetuoso y puro de sus esposas
7. Con espíritu gentil y serenos, que Yah dice que es precioso
8. Al someterse a su esposo, Abraham
9. De un modo comprensivo, mostrando honor a la mujer
10. Sus plegarias no tendrán estorbo

Una esposa para Isaac
1. Mesopotamia
2. Diez
3. Rebeca

Toledot, Lectura de la Torá
1. Cuarenta años de edad
2. Jacob y Esaú
3. Un cuenco de guiso de lentejas
4. Porque Abraham obedeció a Yah y mantuvo Sus instrucciones y estatutos
5. Porque Isaac era muy rico – tenía muchos sirvientes y rebaños y animales
6. Un pozo de agua de manantial
7. Jacob
8. Cuero de cabras pequeñas
9. Jacob temía que Esaú lo matara
10. Una mujer cananea

Toledot, Lectura de los Profetas
1. Esaú
2. Edom
3. Sacerdotes
4. Comida contaminada y animales ciegos
5. Nombre
6. Yah enviaría una maldición sobre ellos y sus bendiciones
7. Vida, paz, y miedo (reverencial)
8. Iniquidad (pecado)
9. Conocimiento
10. Instrucciones en las Maneras de Yah

Toledot, Lectura de los Apóstoles
1. Fe
2. Paz
3. Amargura
4. Libertino y Profano
5. Una sola comida
6. Esaú fue rechazado
7. Israel
8. Hijos de la promesa que Él hizo a Abraham
9. Sara
10. Misericordia

Jacob huye a Harán
1. Una mujer de los cananeos
2. Padan-aram
3. Labán fue su tío

Vayetze, Lectura de la Torá
1. Estaba durmiendo con su cabeza sobre una almohada de roca
2. Ángeles de Dios
3. Siete años + siete años
4. Lea
5. Rubén
6. Porque Lea podía tener hijos y Raquel no
7. Yah le dijo a Jacob "Regresa a la tierra de tus padres y a tu familia, y yo estaré contigo".
8. En la montura del camello
9. Porque Yah le dijo que no lastimara a Jacob / ni le dijera nada ya sea bueno o malo
10. Mahanaim

Vayetze, Lectura de los Profetas
1. Aram
2. Cuidó ovejas y sirvió por una esposa
3. Por un profeta
4. Al adorar a otros dioses (adulterio espiritual)
5. Salvador
6. León/leopardo
7. Seol
8. Yah sanará su apostasía y los amará libremente
9. Un ciprés siempre verde
10. Rectos

Vayetze, Lectura de los Apóstoles
1. Betsaida
2. "Hemos encontrado a aquél de quien escribió Moisés en la Torá, así como los profetas; a Yeshua el hijo de José de Nazaret".
3. Israelita
4. El rey de Israel
5. "…De aquí en adelante veréis el cielo abierto, y a los ángeles de Dios que suben y descienden sobre el Hijo del Hombre".
6. Mar de Galilea
7. Pescadores
8. "Sígueme, y te convertiré en el pescador de los hombres".
9. Zebedeo
10. Casa de Israel y la Casa de Judá

Rebaños de Jacob
1. Cada oveja moteada y manchada y cada cordero blanco, y las cabras moteadas y manchadas.
2. Labán separó a las cabras que eran rayadas y manchadas, las cabras hembras que eran moteadas y manchadas, cada una de las que tenían color blanco, y cada cordero que era negro.
3. Al frente de los rebaños en los lugares para tomar agua, donde los rebaños iban a beber.

Vayishlaj, Lectura de la Torá
1. A su hermano Esaú
2. Cuatrocientos hombres
3. Doscientas cabras hembras y veinte cabras machos, doscientas ovejas y veinte carneros, treinta camellas paridas y sus crías, cuarenta vacas y diez toros, veinte burros hembras y diez burros machos
4. Cadera
5. Israel
6. El-Elohe-Israel
7. Como venganza por haber corrompido a su hermana, Dina.
8. Betel
9. Dando a luz
10. Tenían demasiadas posesiones para habitar juntos. La tierra no podía sostenerlos debido a todo el ganado

Vayishlaj, Lectura de los Profetas
1. Pueblo
2. Compasión de Yah
3. Yah
4. Mentiras
5. Judá
6. Efraín
7. Jacob
8. Jacob
9. Durante el festín
10. Aram

Vayishlaj, Lectura de los Apóstoles
1. Jardín de Getsemaní
2. Pedro y los dos hijos de Zebedeo (Jacob y Juan)
3. Durmieron
4. "Padre Mío, si es posible, deja que esta copa pase de Mí, sin embargo, haz no lo que yo deseo, pero lo que Tú deseas".
5. Hijo del Hombre
6. Un poco de levadura
7. Yeshua
8. Con ninguno que llamándose hermano, sea fornicario, avaro, idólatra, maldiciente, borracho, o ladrón
9. Cuatro ángeles
10. 144,000

Jacob se reúne con Esaú
1. Esaú tenía 400 hombres con él.
2. Doscientas cabras hembras y veinte cabras machos, doscientas ovejas y veinte carneros, treinta camellas paridas y sus crías, cuarenta vacas y diez toros, veinte burros hembras y diez burros machos
3. Para que Esaú no se enojara con Jacob y lo atacara

Vayeshev, Lectura de la Torá
1. Jacob
2. Manojos de trigo inclinándose ante otros manojos
3. Lo tiró en un pozo y lo vendió a extraños
4. Yah los mató
5. Potifar
6. Por el bien de José
7. La esposa de Potifar le dijo a su esposo que José la había tratado mal
8. Del copero y panadero
9. El Faraón
10. Le devolvió al copero su antiguo trabajo, y colgó al panadero

Vayeshev, Lectura de los Profetas
1. Dinero
2. Yah
3. Egipto
4. Cuarenta años
5. Profetas y Nazareos
6. Beber vino
7. Que no profetizaran
8. Juntos
9. Sus profetas
10. León

Vayeshev, Lectura de los Apóstoles
1. Estaban celosos
2. Yah
3. Favor y sabiduría
4. Gobernador sobre Egipto y la casa del Faraón
5. Una hambruna
6. Para encontrar comida
7. Segunda visita
8. Tierra de Egipto
9. Siquem
10. De los Hijos de Hamor en Siquem

Vendido como Esclavo
1. Una Túnica de diversos colores
2. Los hermanos de José
3. Egipto

Miketz, Lectura de la Torá
1. Interpretó sus sueños
2. Zafnat Panea
3. Gobernador de Egipto (Gen 42:6)
4. Efraín y Manasés
5. José juntó toda la comida durante esos siete años, que sucedieron en la tierra de Egipto, y la puso en las ciudades
6. Para comprar trigo
7. Simeón
8. Benjamín
9. Porque era una abominación para los egipcios comer con los hebreos
10. Dinero del trigo y una copa de plata

Miketz, Lectura de los Profetas
1. Fue a Jerusalén, y se presentó delante del arca del pacto de Yah e hizo holocaustos y sacrificios de paz
2. Quemó ofrendas de paz
3. Sus sirvientes
4. Dos prostitutas
5. Ella se recostó encima de él
6. Sobre quién era la madre real del niño vivo
7. Él pidió una espada
8. "Divide al niño vivo en dos, dale la mitad a una mujer y la otra mitad a la otra mujer".
9. "Dale el niño vivo a la primer mujer y no lo mates; ella es su madre".
10. Debido a la sabiduría que Yah le dio

Miketz, Lectura de los Apóstoles
1. De la misma manera en que juzgamos a otros
2. Estaban celosos de José
3. Yah
4. Favor y sabiduría
5. El Faraón
6. Una hambruna
7. Para comprar trigo
8. Dos veces
9. Segunda visita
10. Tierra de Egipto

José y el Faraón
1. Un anillo y una cadena de oro
2. Su segundo carruaje
3. 30 años de edad

Vayigash, Lectura de la Torá
1. Judá
2. Los hermanos de José tuvieron miedo
3. Yah
4. La mejor tierra en Egipto
5. Trescientos shekels de plata y cinco mudas de ropa
6. No tengas miedo de ir a Egipto, porque allí yo haré de ti una gran nación. Yo mismo iré contigo a Egipto, y Yo también te haré volver; y la mano de José cerrará tus ojos
7. Tierra de Gosén
8. Para que el Faraón los dejara vivir en la tierra de Gosén. Los egipcios no querían relacionarse con pastores. (Génesis 46:34)
9. Comida
10. Un quinto de su cosecha

Vayigash, Lectura de los Profetas
1. "Para José (el palo de Efraín) y toda la casa de Israel relacionada con él".
2. Los de Efraín y Judá
3. Esparcidas entre las naciones
4. Un rey
5. Gente
6. Los estatutos e instrucciones de Yah
7. La tierra dada a Jacob
8. Un pacto de paz
9. Santuario
10. David (Yeshua)

Vayigash, Lectura de los Apóstoles
1. A las ovejas perdidas de la Casa de Israel (tribus esparcidas)
2. Paz
3. Israelitas
4. Isaac
5. Esaú
6. "Tendré misericordia de quien tenga misericordia y tendré compasión de quien tenga compassion".
7. Para la gente de las naciones (esparcidas de las tribus de Israel)
8. Injertado
9. Los gentiles ("goyim" esparcidos de las 10 tribus de la Casa de Israel)
10. Yeshua

José y sus hermanos
1. José sabía que Yah lo había enviado a Egipto para preservar la vida
2. Tierra de Gosén
3. Ropas, vagones y provisiones

Vayeji, Lectura de la Torá
1. Jacob tenía 147 años de edad
2. Manasés
3. Efraín
4. Simeón y Leví
5. El centro
6. Zabulón
7. Isacar
8. Setenta días
9. En una Cueva en el campo de Machpelah, al este de Mamre
10. Pensaron que José los odiaría y les haría pagar por el mal que le habían hecho

Vayeji, Lectura de los Profetas
1. Las instrucciones de Yah
2. Él prosperará
3. Joab
4. Barzilai el galaadita
5. Benjamín
6. Lo maldijo
7. Al lado del río Jordán
8. En la ciudad de David
9. Cuarenta años
10. Salomón

Vayeji, Lectura de los Apóstoles
1. El ángel Gabriel
2. Yeshua
3. Yeshua
4. Bendijo a cada uno de los hijos de José
5. Apoyado sobre el extremo de su bordón
6. Habló acerca del éxodo de los israelitas de Egipto y dio instrucciones acerca del sepultamiento de sus huesos
7. Piedra del ángulo
8. Palabra
9. El león de la tribu de Judá (Yeshua)
10. David

Doce Tribus de Israel
1. Rubén
2. Simeón
3. Leví
4. Judá
5. Zabulón
6. Isacar
7. Dan
8. Gad
9. Aser
10. Neftalí
11. José
12. Benjamín

◇ DESCUBRE MÁS LIBROS DE ACTIVIDADES ◇

Disponibles para comprar en shop.biblepathwayadventures.com

¡DESCARGA INSTANTÁNEA!

Libro de Actividades de la Porción Semanal de la Torá
Libro de Actividades Limpios e Inmundos
Libro de Actividades Festivos de Primavera
Bereshit | Génesis - Libro de Actividades con Porciones de la Torá
Shemot | Éxodo - Libro de Actividades con Porciones de la Torá
Vayikra | Levítico - Libro de Actividades con Porciones de la Torá
B'midbar | Números - Libro de Actividades con Porciones de la Torá
D'varim | Deuteronomio - Libro de Pathvidades con Porciones de la Torá

www.ingramcontent.com/pod-product-compliance
Lightning Source LLC
Chambersburg PA
CBHW081155070526
44583CB00021B/2845